貧困とは何か

——「健康で文化的な最低限度の生活」という難問

志賀信夫
Shiga Nobuo

ちくま新書

1843

貧困とは何か——「健康で文化的な最低限度の生活」という難問【目次】

はじめに――「健康で文化的な最低限度の生活」から考え始める

貧困とは何か?

貧困とは何だろうか?

動物として生きていくための食べ物に困ることだろうか?

それとも、人間としての生活をするために必要な物を欠いていることなのだろうか?

私たちは、本書で貧困について考えていくが、まず始めにそのような問いから考えることにしたい。

貧困について考えるということは、すなわち、人間の「生」とは何か、私たちの「生活」とは何かを根本から考えることに他ならない。

†いのちのとりで裁判

（原告団の弁護士）「志賀証人に最後の質問です。憲法第25条はこの日本で守られていると思いますか」

（被告の弁護士）「異議あり。その質問は本件とは関係のないものです」

（原告団の弁護士）「いえ、この質問は本件と直接的に関係するものです。裁判長、これが最後の質問ですので、志賀証人の発言許可をお願いします」

（裁判官）「証人の発言を許可します」

（志賀）「この日本において憲法第25条は実質的に守られていないものと思われます」

これは、二〇二三年八月二日、いのちのとりで裁判・岡山地方裁判所での一幕である。「いのちのとりで裁判」とは、二〇一三年、平均六・五％、最大一〇％の生活保護基準（生活扶助基準）の引き下げが国によって決められ、その後、三回に分けて引き下げが実行されたことに対し、全国二九都道府県、一〇〇〇名を超える原告が違憲訴訟を提起し、国・自治体を相手に闘いを展開している裁判である。

私は貧困理論の研究者として岡山地裁に出廷し証言した。冒頭のやりとりは、その裁判の終盤の様子である。「異議あり」と弁護士が発言するシーンはテレビドラマなどで私も観たことはあったが、リアルな「異議あり」は初めて耳にした。

被告側の弁護士がなぜ異議を申し立てたのか、法律の専門家ではない私にはわからない。しかし、日本の貧困対策の最後の砦《とりで》であり、またそれゆえに「いのちのとりで」でもある生活保護制度が「現代日本の貧困」にしっかりと対応しているかどうかについては、私のこれまでの研究成果から一定の判断はできる。

生活保護法は第1条に記されているように、憲法第25条に基づくものとされている。そして、憲法第25条には「すべて国民は、健康で文化的な最低限度の生活を営む権利を有する」と記されている。したがって、生活保護制度が「現代日本の貧困」に十分に対応できていないならば、それは憲法第25条も守られていないことになる。

「最低限度の生活」というのは、最低でもこれだけは社会として（または社会を暫定的に代表する国として）、すべての個人に保障しなければならない生活のことである。

「健康で文化的な最低限度の生活」

二〇一三年に決定された生活保護基準の引き下げは、二〇一二年に自民党が民主党から政権を奪取する際に公約として掲げていたものであった。自民党は生活保護バッシングを繰り返し、世論を誘導し、生活保護基準を引き下げた。生活保護基準が引き下げられると、それと連動している様々な福祉や社会保障の給付額も後退してしまうことになる。

それでも自民党は保護基準の引き下げを実行した。その結果、何が起こったか。制度利用者の生活はより厳しいものとなった。簡潔にいえば、生活保護基準が「絶対的貧困」と呼ばれる水準に近づいていき、憲法第25条に明記されている「健康で文化的な最低限度の生活」との距離が拡大してしまった。

憲法第25条には、「健康な生活」と「文化的な生活」が並列されている。つまり、どちらが優先されるというものではない。にもかかわらず、生活保護基準が引き下げられたことによって、制度利用者は「健康な生活」と「文化的な生活」の二者択一を迫られるようになってしまった。

健康を維持しようとすれば、他者との交流や自分自身が大切に思っている社会的行為をあきらめざるを得なくなる。その反対に、社会参加や社会的行為を大切にしようとすれば、食事の回数を減らすとともに質を落としたり、入浴の回数を減らし、シャワーですますなど、健康を損なうかもしれないような生活費の切り詰めを余儀なくされてしまう。

こうした切り詰めは、そうしない選択肢さえあれば問題はないが、制度利用者にそのような選択肢は用意されていなかった。

「ヒトとしての生存維持」を優先しようとすると、「社会性をもった人間としての生存の維持」が困難となり、「社会性をもった人間としての生存の維持」を堅持しようとすると、健康状態の悪化によって「ヒトとしての生存維持」が脅かされるという状況を国家がつくりだし、そしてそれを世論が追認・黙認していた。

実に不寛容な国家と社会である。この国家と社会は人を殺しているし、いまも殺し続けている。これは比喩ではない。

人間は、健康が損なわれたときにだけ死ぬのではない。社会から排除され、孤立させられ、自分自身が大切であると思うものを奪われたとき、希望を断たれたとき、あるいは尊厳を深く傷つけられたときにも死ぬ。

この「人間を殺す仕組み」をつくり、追認・黙認しているのはわたしやあなたである。ただし、本書は貧困問題をめぐる責任の所在を問おうとするものではない。あるいは、貧困という社会問題を引き起こしているわたしやあなたの「心の問題」を問うものでもない。

「貧困とは何か」。本書が設定しているこの問いに対し、本書は理論的な説明を尽くしていくつもりである。

この理論的説明のなかで、動物的生存のみならず社会的生存の保障までなされなければならない理由、およびそのような最低生活保障がなされないことが、世界中で合意されている社会正義と矛盾するという事態についても言及する。

貧困問題の現実の深刻さを告発する書籍は既に多くある。また、それを裏付ける実証的な学術書も徐々に増えてきている。これらの先行文献と本書が異なるのは、本書が貧困を根本から理論的に問うという試みにある。そのような意味で、本書は「貧困理論」を旨とする書籍であるといえる。

本書の理論的な説明は、貧困の現実を告発する言葉にさらなる説得力をもたせ、実証的な研究のための基礎理論の盤石化に貢献することを目的としている。

†本書の構成

本書は全7章から構成されている。

序章では、「貧困」という概念、「貧困」の定義、「貧困」の測定について説明している。これらが貧困理論に関わる基礎となる。

第1章から第3章までは、「貧困」という概念（貧困の意味）の歴史的変遷を追う。一九世紀以降、現在に至るまでに、「貧困」という概念は段階的に拡大してきた。具体的には「絶対的貧困」→「相対的貧困」→「社会的排除」という発展過程を経てきた。こうした拡大は、「貧困」の意味内容に新たな要素が追加されたということを意味している。それをめぐる理解は、現在の貧困理論の到達点（意義）の理解につながる。貧困をめぐる理解を理論的に深めていくことによるメリットは、形成すべき制度・政策や要請されている取り組みを論理整合的に導出できるというところにある。逆にいうと、それが十分でないならば、きちんとした貧困対策を実施できない。貧困対策は他の諸政策や対策と同様に、「勘」や「感情」に頼って実施されるべきものではなく、理論に基づいて実施されるべきものである。

第4章では、「子どもの貧困」問題について検討することで、貧困と子どもの権利についての考えを深めたい。子どもの貧困対策は、将来の子どもへの「投資」なのか？　それとも、一人ひとりの子どもが当然持っていなければならない「権利」のためなのか？　そのような問いから始める。これらのいずれを優先するかによって、現在のみならず将来社会のありようは大きく変わり得る。

第5章は、「貧困の根絶」をテーマにしている。第4章までは概して貧困の「緩和」が中心であったが、本章は貧困根絶のために必要な視点を提示している。貧困を「緩和」すればそれだけでよいのか、「根絶」まで目指すのかという選択は、わたしたちが、どのような社会を選択するのかという判断を含んでいる。簡潔にいえば、最終目標として、「行き過ぎた資本主義社会の是正」を目指すのか、「資本主義の超克」を目指すのかということとも関係している。

少なくとも筆者は「貧困の根絶」が必要であると考えているが、その立場に対して違和を感じる読者もいるだろう。予想される違和について筆者は承知しているが、貧困問題に直面する人の数を減らすだけでなく、貧困そのものをなくす社会を目指す立場から、筆者は理論的な説明を展開していく。本書は、学問のための学問ではなく、「人間を殺す仕組み」としての社会を変革するための学問であるという立場を堅持する。

終章では、最新の貧困概念である「社会的排除」を軸とする貧困理論が、貧困を「緩和」するためだけでなく、貧困を「根絶」するための理論としても成立する可能性があることを説明している。これは従来の貧困理論にはなかった積極的な可能性である。

＊

社会から貧困を強制されている人が目の前にいるとき、ただちに活用できるのは、第4章までの貧困理論である。こうした、貧困を「緩和」するための理論を、本書では「分配関係論的貧困理論」と呼んでいる。

貧困を強制する社会が目の前に広がっているとき、長期的な視点から活用できるのは第5章の貧困理論である。こうした貧困を「根絶」するための理論を、本書では「生産関係論的貧困理論」と呼んでいる。
この二つは、一方が他方に優先するわけではない。二つの理論は両輪なのである。

序　章
貧困とは何か?

岡山地裁前で生活保護減額訴訟勝訴の紙を掲げる原告側弁護士(©共同通信)

†映画『MINAMATA』と貧困

ハリウッド映画俳優のジョニー・デップ主演の映画『MINAMATA』(二〇二一年、日本公開)を観ただろうか。この映画には、フィクションも混じっているが、日本の四大公害病の一つである水俣《みなまた》病をめぐる加害企業と被害者らの各々の挙動が描かれている。ジョニー・デップは、被害者らの生活を撮影する写真家ユージン・スミスを演じた。

映画のなかで、ユージン・スミスは、被害者らの生活圏に次第に足場を築いていき、映画終盤では心を通わせ、彼ら・彼女らの生活を写真家として切り取っていく。

映画の詳細については実際に観ていただくのが一番だが、ここでは、特に印象的だったことについて少しだけ説明をさせてほしい。それが貧困を理解することともつながっていくからだ。

映画では、被害者らの生活を重視するユージン・スミスと、水銀排出量基準値を重視する加害企業チッソ社長のノジマ・ジュンイチ(國村隼)が対照的に描かれる。前者は被害者らの具体的な生活という「事実」から出発し、後者は国の水銀排出基準値(許容量)という「数字」に終始依拠する。ノジマはユージンに言う。

「ppmというのを知っているか」

つまり、「水俣病の原因となった工場からの水銀排出量は基準値以下であり、この問題をめぐる加害企業の責任は何ら問われるべきものではない」とノジマは主張している。また彼が水俣病に苦しみ闘う人びとの一人ひとりを「ppm」という言葉で喩え、彼ら・彼女らは、全く取るに足りない存在であるとする場面がある。

汚染物質の排出基準値（許容量）は、基本的に政治的妥協によって決まるといわれている。例えば、理論物理学者の武谷三男《たけたにみつお》は、「許容量」という概念について次のようなものであると分析している。「社会的な利益があるならば、マイナスとプラスとを天びんにかけて、〝ある量までのマイナス分は我慢してもいいのではないか〟という量のこと」であり「むしろ社会学的概念なのである」。またさらに同じ著書のなかで、「「許容量」というものは、決して〝それ以下では障害が起こらない量〟ではない」、「害か無害か、危険か安全かの境界として科学的に決定される量ではなくて、社会的な概念である」と論じている（武谷一九六七）。

こうした武谷の考え方に学び、水俣病患者の被害救済に尽力した医師・原田正純《はらだまさずみ》は次のように述べている。「安全基準の設定にあたっては、本来、最も弱い胎児や病人、老人、そして魚を極端に多食する人たちを基準にすべきであろう。（中略）大部分には害がないが、少数には害があるというのでは、安全基準にはならない」（原田一九九二）。また『公害原論』（宇井二〇〇六）の著者であり、環境問題研究者である宇井純《ういじゅん》も同様の指摘をしている。「貧困」について考えるにあたり、私たちは、「生活という事実」から始めるべきなのか、それとも「数値という抽象物」から始めるべきなのだろうか。この問題提起は、公害問題についてだけでなく、貧困問題についてもあてはまる。貧困問題において、公害問題の基準値や許容量にあたるものは、「貧困線」と呼ばれる、「貧困状態」と「貧困でない状態」を分けるラインである。本書では「数値」からではなく、あくまで人びとの生活という具体的な「事実」に寄り添って議論を進めたいので、敢えて貧困線から議論を始めるということはしない。

あらかじめ注意を促しておきたいのだが、本書は、数値を無視すべきであると強調したいのではない。許容量や基準値の議論は当然重要だし、「貧困線」の議論も重要である。ただし、許容量、基準値、貧困線のいずれの場合でも、被害や困窮を余儀なくされている人びとの生活実態から離れた議論は成立しない。

生活の実態をみない数値だけの議論は、しばしば、既に苦しんでいる人びとをさらなる抑圧に晒してきた。「基準値以下だから」「貧困線よりも上の所得があるから」という言葉の後には大抵このような言葉が続く。「救済の対象にはならない」「制度の対象にはならない」。

救済や制度の対象にならなければ、公的には問題がないことにされるだけでなく、大抵の場合、生活の中で経験した苦しみもなかったことにされてしまう。仮に生活の苦しみをその当事者が語っても、「ワガママ」「自分勝手」「偏った考え」などと非難されてしまうこともある。

実際に、『MINAMATA』のノジマは基準値にこだわり、被害に苦しむ人びとの生活を直視しようとしないだけでなく、被害を訴える人びとを「ppm」と侮蔑的に表現し、彼らの存在は「何やらわめきちらしているわがままな人びと」に過ぎないと断じてしまう。

†「貧困線」の危険性

「貧困線」には、いくつかの算定方式がある。

例えば、後に説明する「相対的貧困」の貧困線は、その国の等価可処分所得（世帯の可処分所得を世帯人員の平方根で割って調整した所得）の中央値の五〇％の額として算出されている。この考え方に依拠すれば、算出された貧困線以下の経済状態であれば、その生活は貧困状態にあると判断される。日本における貧困線は、二〇一八年の厚生労働省の発表では、単身者世帯では約一二四万円、二人世帯では約一七五万円、三人世帯では約二一五万円、四人世帯では約二四八万円となっている。

この貧困線以下の所得の人びとの割合が「貧困率」と呼ばれ、「子どもの○人のうち△人が貧困である」「日本の相対的貧困率は□%である」というおなじみのフレーズもここからきている。

なお、ここで算出された「貧困線」と近い数値となっているのが、生活保護制度における「保護基準」である。これは、日本における貧困対策の一つとして公式に設定されている貧困線とみることができる。

しかし、先にもいったように、相対的貧困における貧困線であろうが、生活保護の保護基準として定められている貧困線であろうが、それよりも上にある経済状態ならば、貧困状態ではない、といいと断言できるかといえば必ずしもそうではない。

例えば「年収○○円以下なら貧困」というように、貧困を非常に単純に理解している人もいるが、そうした理解は被害者や貧困状態を強制されている人びとの「生活の事実」を無視してしまう危険性を孕《はら》んでいる。

†貧困とは具体的にどういうものか?

そもそも何をもって「貧困」と判断すべきなのか。「貧困とは何か」を問い、それをしっかりと言葉として表現する必要がある。

「貧困の意味」のことを、学術用語では「貧困概念」という。「貧困と非貧困の境界」のことを、学術用語では「貧困の定義」という。

「概念」や「定義」という言葉を使用するとなにやら難しく感じるかもしれないので、ここでは、リンゴを例にとって説明してみよう。

「リンゴ」という概念は、「リンゴとはどのようなものか」という説明を言葉で表現したものである。「リンゴ」とは、まず木の実であり、大きさは三〜一五cm程度で、皮があって、色は赤や黄色や黄緑のものがあり……等々。ここで並べたリンゴの説明は、リンゴの意味を構成する一つ一つの具体的な「要素」である。

このとき、「リンゴ」と「リンゴでないもの」の境界はどこにあるのだろうか。どこまでをリンゴとして認めるのか。これは、リンゴであるための限界線の議論になる。それを超えてしまうと、それはもはやリンゴとはいえない。リンゴの定義のなかに収まらないからである。

このように考えると、まず先に「概念」があり、その次に「定義」がある。先に説明した基準など数値化されたものは、この「概念」と「定義」を基礎にして初めて導くことができる。また、数値で示すことができるのは、その事物を構成する要素のほんの一部分に過ぎないということも忘れてはならない。当たり前だが、「リンゴは三〜一五cm程度の大きさである」という数値化された表現は、リンゴの一側面だけを切り取っているのであって、リンゴのすべてを表現し尽くすものではない。

同様に、貧困とは何かについて理解しようとするならば、「貧困」という概念と定義から始める必要があるだけでなく、数値だけがそのすべてを表現するものではないことにも注意を払っておく必要がある。ただし繰り返しになるが、そうはいっても本書は所得という数値の面から貧困を理解することを否定したいわけではないことは強調しておきたい。所得の欠如はすなわち貧困であるが、所得が一定額を超えているからといって、貧困ではないと言い切ることはできないといいたいのである。

さらにいえば、貧困の概念や定義をしっかりと議論しようとするならば、貧困が具体的にどのようなものであるのかという、事実の確認を怠ってはならない。つまり、貧困を理解しようとするならば、具体的な生活の事実から出発し、そこから乖離《かいり》しないようにする必要があるということだ。

†貧困の概念は社会とともに変わる

「貧困」とは社会的な概念であるとともに、論争的な概念でもある。何をもって貧困と判断するのかは、社会のなかでの論争を経て決定されていく。概念も定義もそのようにして決まっていくので、基準としての具体的な数値もまた、社会的な論争を通して決まっていくことになる。では、「社会的に決まっていく」とは、いったいどういうことなのか。

まずは、「社会」という言葉の意味から整理しておく必要がある。「社会」とは、簡潔にいえば、人間と人間が取り結ぶ諸関係の全体のことである。

例えば、AさんとBさんがいて、生きていくうえで何らかの関係を取り結ぶ。このAさんとBさんの関係は一つの「社会」を形成しているといえる。ここでさらに、Cさんが現れるとする。すると、AさんとBさん、AさんとCさん、BさんとCさん、AさんとBさんとCさんというように、いくつかの関係が生じる。この諸関係の全体を「社会」というのである。「貧困とは何か」という理解は、こうした人びととの関係の全体（=社会）のなかで形成されていく。そのなかには、様々な葛藤や矛盾する利害も絡んでいるのが通常の状態である。

こうした葛藤や矛盾のある人びとの諸関係のなかで、一つの合意できる何かを形成していくのは非常に困難を伴う。何かが合意できたとしてもそれは暫定的なものに過ぎない。ほぼ必ず、どこかから異議申し立てがあるからである。もちろん、それは別に悪いことではない。「なかなか決まらない」のが民主主義である。

では、現在に至るまでの歴史のなかで、貧困の概念と定義はどのように変遷してきたのだろうか。簡潔にいえば、貧困概念は拡大し、定義はその都度、刷新されていった。

具体的にいうとそれはどういうことなのか。この後、説明していくが、かつては「貧困」という概念（＝貧困の意味）は「食べることができないほどの生活状態」に限定されていた。つまり、貧困と貧困でないものの境界（＝貧困の定義）は、食べることができ、肉体的能率の維持ができているかどうかというところから判断されていた。数値として表現される貧困の基準についても、肉体的能率の維持を可能とする食材の合計額によって算定されていたのである。

しかし、現在では「食べることができている」からといって、貧困ではないと断定することはできない。それは、人びとの諸関係のなかで紡ぎ出される「規範（＝社会規範）」が変化し、それが貧困概念を拡大させたからである。このような意味で、貧困は一種の社会規範であるともいえる。社会規範は、歴史を通して一進一退の攻防を繰り返しながら徐々に成熟してきているが、「貧困」という概念もそれと歩みをともにしている。

ここでいうところの社会規範とは、社会正義から影響を受け、社会運動や民主的な議論を通して醸成されていく人びとの認識のことである。ここではさらに「社会正義」とは何か、という問いが生じてくるが、本書ではそれを正面から扱うことはできない。ただし、世界中で一定程度合意された社会正義が具体化されたものの例として、世界人権宣言をはじめとした各種の宣言、条約、規約などの国際人権法、それに加えて、日本国憲法等々をここではあげておきたい。

†貧困が存在しない社会とは

貧困は、一種の社会規範であると説明したが、それはどのようなものなのか。簡潔にいうと、貧困とは「生活状態」をめぐる社会規範である。単に「お金や資源がない」というだけでなく、「お金や資源がないことが原因となって、生活が成立しないような状態」を意味している。そして、そのような生活状態に対して、「放置しておくことができない」という社会による価値判断が歴史のなかで形成される。この「放置しておくことができない」という価値判断が伴うからこそ、貧困は一種の「社会」の「規範」であるといえるのである。

また、どのような水準以下の生活状態ならば「放置しておくことができない」と判断するのかについては、前段で述べたように、社会を構成する諸個人間の関係が様々なので、常に論争に晒されている。その社会が相互に寛容で連帯していれば、「放置しておくことができない」と判断される生活はより高水準で人間的なものとなるだろう。

逆に、その社会が相互に不寛容で分断・個別化されていれば、「放置しておくことができない」と判断される生活は、より低水準で非人間的なものとなる。「食べることができているからそれでいいだろう」というような低水準の貧困理解に終始する社会では、貧困を強制された人びとの、人間としての尊厳が無視されてしまう。

　では、社会が生活における何らかの欠乏状態について「放置しておくことができない」と判断すると、何が起こるのだろうか。端的にいえば、貧困対策に向けた取り組みがなされるようになる。具体的な制度・政策が形成されるであろうし、地域の取り組みが実践されることもある。

　一方で、この「放置しておくことができない」という社会による判断が成立していない段階では、生活困窮者や貧しい人びとがいたとしても、貧困は存在しないことになってしまう。もちろん、事実として、貧しい人びとや生活困窮は存在していたが、社会問題としての貧困は存在していないということになっていたのである。

†「貧困＝あってはならない生活状態」

「貧困とは何か」という問いに対する回答は、社会的な論争を通して提示されていくが、それには個人の貧困観が常に反映されるわけではない。これにも注意が必要である。例えば、読者の皆さんのなかには、「貧困＝食べられないこと」という限定的な理解をしている人もいるかもしれない。そうした貧困理解は、無視されてしかるべきなのだろうか。もちろん、無視されてしかるべきであると私は思わないが、現代の社会規範によってそうした限定的な理解は棄却される可能性が高い。

それはなぜだろうか？　理由は二つある。

第一に、個人の貧困観の集合体は、いわゆる「世論」と呼ばれるものであり、「社会規範」とは異なるからである。「社会規範」とは歴史的な不正義是正の議論の延長上にある判断であり、それに対し「世論」は瞬間的な感情の表現である。後者はときとして差別に傾くことがある。

第二に、貧困は他の種々の社会規範と歩みをともにしているので、例えば、一九四八年の世界人権宣言と整合的でないような極端に限定的な貧困概念のみをもって、現代の貧困をすべて理解し尽くすということはできないし、誤ってもいると考えられる。

つまり、現代社会において、食べることができないような生活状態のみが貧困であると断定するのは間違っているということである。そのような貧困概念から出発する貧困対策は、最小限度のものにしかならず、肉体的生存の維持は保障するが、尊厳ある人間としての生存（＝社会的生存）までは保障しないものとなってしまう。それは人間としての権利（＝人権）までは保障しないということに他ならない。

ここでは「貧困＝放置しておくことができない生活状態」としたが、貧困理論に関する先行研究では、「貧困＝あってはならない生活状態」というより短い表現をしている。本書もそれにならって、これ以降、「あってはならない生活状態」という表現に統一していくことにする。

†貧困はいつ生まれたのか？

本書では、貧困概念が社会規範として形成された時期以降の歴史的展開をみることで、現代の貧困をどのように理解すべきかについて説明をしていくことにする。

貧困をめぐる理解が社会規範と歩みをともにするようになったのは、一九世紀末のイギリスにおいてである。それ以前は、宗教的規範に則って対応がなされてきたが、それは科学的な対応とはいえない。宗教的規範に則った貧困対策とは、生活を保障するというよりも、宗教的規範に適合するように人格を矯正し、行動を変容させるものであったからだ。

また、後に述べることになるが、「貧困」と「貧乏」は、物質的欠如を意味するところは共通しているが、決定的に異なる要素をもつ別個の概念でもあり、「貧困」は資本主義成立以降の物質的欠乏を主に指示する概念である。

したがって、一九世紀末のイギリスにおいて、貧困調査や貧困対策が社会的になされ、貧困理論が展開していったというのは、決して偶然ではない。資本主義が社会を駆動させる一般的原理として概ね完成し、さらなる盤石化がみられるのがこの時期だからである。「貧困」と「貧乏」という概念の区別については、本書第5章で詳細に説明することになる。

当然ながら、一九世紀末のイギリスで、突如として科学的な貧困理解と貧困対策が劇的に展開したというわけではないが、貧困理解の基礎が従来とは質的に異なるものに変化したのは事実である。

具体的にいえば、生活困窮の原因に関する基本的な理解が、個人の問題から社会の問題へと変わった。個人の問題としての生活困窮状態に対しては、困窮者の認識と行動の変容を迫ればそれでよいことになるが、社会問題として発生する貧困状態に対しては、個人ではなく社会的な対応が要請され、具体的な社会政策の形成の議論にまでその射程が及ぶことになる。だからこそ、どのような生活状態を「放置していくことができない」と社会が判断しているのかを「記述」することを旨とする貧困理論が重要になってきたのである。

本書では、「貧困とは何か」という問いに応答するために、まず貧困理論が生まれたイギリスでの議論からみていくことにしたい。イギリスから始まった貧困理論の歴史的展開は、大雑把にまとめると、次のようになる。

①一九世紀末〜二〇世紀初頭——絶対的貧困理論
（貧困＝肉体的能率の維持ができないほどの所得の欠如）
②二〇世紀半ば——相対的貧困理論（貧困＝普通の生活を維持できないほどの所得の欠如）
③二〇世紀後半以降（概ね一九八〇年代以降）——社会的排除理論
（貧困＝幸福追求を阻害するような自由の欠如・権利の不全）

①②は主にイギリスを中心に議論され、世界中の貧困問題に影響を与えた。③の社会的排除概念は、「フランス生まれ、EU育ち」（岩田二〇〇八）と表現されるように、フランスで生まれて主にEUで広まり、現在では経済的困窮状態とともに諸国家が対応すべきものとして明確に位置づけられている。ただし、社会的排除理論には批判的な研究者も少なくない。

①②については相対的にわかりやすいものとなっているが、肝心の現代的貧困の理解と深く関わる③がやや難解なところがある。③がわからないと現代日本の貧困についても一面的な理解に限定されてしまう。そうならないように、これ以降、③の理解を促すための準備をしていく。

③の理解を促すための準備とは、①②を理解し、③と比較検討することである。各々の貧困理論を比較検討することで、③だけが持つ新しい要素が何か、それはどのような意義があるのかをつかみ取るということが可能になるのである。

まずは、「①絶対的貧困理論」からみていこう。

第 1 章
生きていければ「貧困」じゃない？
——絶対的貧困理論

サンパウロのスラム街（©ロイター／アフロ／Amanda Perobelli）

資本家であった。

†貧困理論が生まれた社会的背景

「絶対的貧困」の理論を、一九世紀末はじめに提示したのは、チャールズ・ブースという資本家であった。

一九世紀のイギリスは、産業革命を通過し、「世界の工場」と呼ばれるようになっていた。そんななか、より多くの利潤を求め、資本家は労働者に過酷な労働環境・条件を突きつけていた。

だが、厳しい環境の下で労働を強いられていた当時の労働者たちは、黙ってそれに従い続けていたわけではなかった。連帯し、各地でストライキなどの労働運動を頻発させたのである。当時の労働者らの生活状態や労働環境の劣悪さと、労働運動の盛り上がりについては、安保則夫《あんぼのりお》（二〇〇五）や浜林正夫《はまばやしまさお》（二〇〇九）などの邦文献、シドニー・ウェッブとベアトリス・ウェッブの共著（一九七三）やエドワード・D・トムスン（二〇〇三）、一八四五年に刊行されたフリードリヒ・エンゲルス（二〇〇〇）などの邦訳文献がある。

ここでは、一九世紀の労働者階級の人びとの生活状態について、エンゲルスの著書『イギリスにおける労働者階級の状態』（エンゲルス二〇〇〇）から一つだけ紹介しておこう。これを読むと、当時の人びとの暮らしがいかに劣悪なものであったかが理解できる。また、資本家ブースが貧困調査を実施する際に、こうした生活状態にあえぐ人びとをどのような視点から眺めていたかについても理解する助けになるだろう。

こういう貧民街のいくつかを詳しく見てみよう。まずロンドンであるが、ロンドンには有名なセント・ジャイルズの「からすの巣（rookery）」がある。（中略）道路では市がひらかれ、野菜や果物のかごが、もちろんすべて品質が悪く、ほとんど食べられないようなものだが道をさらに狭くしている。そしてそこからも肉屋の店からも、悪臭がただよっている。家には地下室から屋根裏まで人が住み、家の内も外も汚く、こんなところに人が住んでいるとは思えないほどである。しかし、これらのものはみな、道路と道路のあいだの狭い路地や囲い地にある家にくらべると、問題にならない。家と家のあいだにあるかくれた通路をとおってそこにはいると、その汚さと荒れはてた状態は想像を絶する――完全な窓ガラスはほとんど一枚もなく、壁はくずれ、入口の柱や窓枠はこわれてがたがたになり、ドアは古板をよせあつめてうちつけてあるか、あるいはまったくついていない――この泥棒街では盗むものはなにもないのだから、ドアは不必要なのである。ゴミや灰の山がいたるところにちらばっており、ドアの前にぶちまけられた汚水があつまって、水たまりとなり悪臭を発している。ここには貧民のなかでももっとも貧しい人びと、最低の賃金しか支払われていない労働者が、泥棒や詐欺師、売春の犠牲者といっしょに住んでいる——たいていはアイルランド人か、その子孫であり、自分自身はまだ自分をとりまいている道徳的堕落にまきこまれてはいないが、毎日毎日深く沈んでいって、窮乏や不潔や劣悪な環境の退廃的な影響に抵抗する力を日に日に失いつつある——。

しかしセント・ジャイルズだけがロンドンの唯一の「貧民街」ではない。

（エンゲルス二〇〇〇）

エンゲルスは、当時の新聞からの引用や、牧師、検死官からの情報も交えながら、イギリス労働者階級の衣食住の劣悪さ極まる状態を記述している。

こうした生活状態は、自然災害などの結果として生じたものではなく、産業革命を経て未曽有《みぞう》の生産力の発展を経験した先進資本主義国イギリスで生じた。これは非常に重要なことである。自然災害は偶然性に左右される側面が大きいが、資本主義体制における貧困は必然的に生み出されるものだからである。第5章で説明する「貧困」と「貧乏」の違いの一つもここにある。「貧困」は、自然災害が起きていなくても生じる、資本主義特有の現象なのである。

†資本家と労働運動

改めて後述することになるが、資本主義体制を強力に推し進めるために、人びとから生活に必要な物資の生産のための手段を剝奪し、従来の共同体の紐帯《ちゅうたい》を切断し、個人をばらばらな私的労働に従事させるという状況を暴力的に作り出した人びとがいた。

それは資本の担い手である人びと、つまり「資本家階級」である。そして、その一方で、生活のための物資の生産を行う手段が剝奪されているがゆえに、資本のもとでの私的労働に従事し、賃金を得ることで生活必需品を入手する以外に生きる術《すべ》を持たない人びとが溢れた。こちらは失業者や被扶養者も含む賃金労働者の集団、すなわち「労働者階級」である。

こうした労働者階級の生活状態を何とかしたいと思ったとしても、彼女ら・彼らには非合法な手段と労働運動以外に道がなかった（そもそも、イギリスにおいて労働組合が合法化されたのは一八七一年であったので、それ以前は違法行為だった）。

かくして盛り上がりをみせた労働運動に対して、ブースは資本家の立場から危機感を抱いていた。労働運動が頻発すると、工場をフル稼働させることができなくなり、結果として得られる利潤が少なくなってしまう。それどころか、場合によっては工場や機械が打ち壊しにあうかもしれない。こうした状況のなかで、ブースは産業平和・産業秩序を維持するためにどうすればいいかを考えた。つまり、彼は労働者が暴れて生産や市場を攪乱《かくらん》することを防ごうとしたのである。

一般的にいって、すぐに考えつくのは、労働運動を暴力的に鎮圧するという方法である。しかし、これには、労働者らの反感を増長させるのみならず、金銭的コストがかかり過ぎるというネガティブな面がある。また、様々な武器を用意するコストだけでなく、労働運動潰しを担う人びとの人件費も嵩《かさ》んでしまう。しかもそれによって労働者階級から怒りを買い、労働運動が激しくなったのでは本末転倒である。

短期的効果を狙ってこうした直接的な暴力に訴える資本家もいたが、長期的な視点からみて、よりコストがかからず効果的なものとして、労働者を規律化していく方がよいとブースは考えた。

つまり、労働者階級に一定の生活水準を保障することで、労働運動への動機を喪失させるということである。さらに、賃金労働者としての勤労倫理を内面化させることで、従順化させていくことができればなおよい。こうしたアイデアは、頻発する労働運動に対する資本家らの危機感から、集合的・経験的知恵として次第に形成された側面がある。

もちろん、資本家のなかには、労働者階級の生活状態を見聞きしたり、実際の訴えを目の当たりにして心を痛める者もいた。こうした憐みの意識はキリスト教を媒介にして次第に資本家らに共有され、「集団的もしくは階級的な罪意識」(安保二〇〇五)とも表現されるものになっていった。

ブースの頭のなかも、そうした様々な思いが混ざり合っていたに違いない。人間は単一の動機だけで行動を起こす場合もあるし、複数の動機が絡み合っていることもある。ときに相矛盾する目的から何らかの行動を起こすこともあるだろう。いずれであっても不自然なことではない。

†暴動が起こらない最低ライン

労働運動が激化し、貧困が社会的に告発されるという事情から、ブースも自由であったわけではなかった。彼が貧困調査を実施した動機、あるいは調査に際して設定した課題としてしばしば指摘されるのは、「左派の煽動者が主張するほどの深刻な貧困はこのイギリスにはないはずなので、それを数値として示そう」というものである。

しかし、実際には、そうした動機だけでブースが調査に臨んだわけではない。単純に「左派が嫌いだから調査によって反証します」と考える人は余程の右派イデオロギスト以外にはいないだろう。ブースはそうではなく、聡明で冷静な「資本家」であった。

こうした資本家としての聡明さと冷静さが、彼をして「産業秩序の維持のための効率的で持続可能な手段とはいかなるものであるか」という課題を設定させたのである。彼にとって、労働者の生活の安定は確かにその問題意識の一部をなしていたが、やはり主たる目的は産業秩序の維持であった。

したがって、ブースにとって「貧困＝あってはならない生活状態」とは、労働者階級が暴動を起こすことなく、従順に労働に勤《いそ》しむようになるための最小のコストとの兼ね合いから設定されることになる。

また、「貧困＝あってはならない生活状態」の範囲を極端に広くとってしまうと、他の資本家や中間階層以上の人びとからの理解を得られないという事情もあった。特に勤労倫理という支配的な価値規範との矛盾が生じないように注意を払う必要があった。勤労倫理とは、簡単にいうと、働くことに大きな価値を見出し、労働は道徳的にすばらしいものであるという判断をその内実とする規範のことである。逆に、働かない者については、厳しい視線が注がれる。

貧困調査に際して、ブースは「救うべき「真の労働者」たちがおり、この人びとは働いても依然として厳しい生活状態を余儀なくされている」と考えた。この「真の労働者」とは、勤労倫理にも従順であり、ブースからみれば「救済に値する人びと」であった。そう

H——上層中産階層（Upper middle class）
G——下層中産階層（Lower middle class）
F——上層労働者（Higher class labour）
E——定期的標準所得者（Regular standard earnings）
————————————————————貧困線（poverty line）
D——定期的少額所得者（Small regular earnings）｝貧困者（poor）
C——非定期所得者（Intermittent earnings）｝貧困者（poor）
B——不定期労働者（Casual earnings）————極貧者（very poor）
A——臨時労働者、浮浪者、準犯罪者などの最下層
（The lowest class of occasional labourers, loafers, and semi-criminals）

表1　ブースによる労働者階級の階層区分（出典：Booth 1904、33頁）

した人びとの生活状態を、少なくとも毎日食べることができて、ほんの少しの楽しみを享受できる程度にまで引き上げていく必要がある。

この考え方を基礎にして、ブースは労働者階級の人びとを表1のような「階層」に区分した。この階層分けは、所得と働き方を根拠としているが、働き方は所得に直結していたので、おおよそこれは所得階層区分とみてよい。

このなかでブースは、A〜Dの人びとを「貧困である」と判断した。したがって、DとEのあいだに「貧困線」が引かれる。このとき、C・Dは「貧困者」、Bは「極貧者」であるとされている。Aは、「救いようのない人びと」であり、そこには臨時労働者、浮浪者、準犯罪者が含まれる。

また、C・Dの「貧困者」は、「きちんとした自立的生活をするには足りるが、辛うじて足りているに過ぎない」ような所得状態にあり、「生活必需品を入手し、家計収支

を合わせるのに奮闘しながら生活している」。A・Bの極貧者は、「この国における通常の生活様式からみて全く十分でない」ような所得状態にあるとみなされ、「慢性的窮乏」とみなされる（Booth 1904）。

ブースの貧困調査によれば、当初の予測に反して、C・Dにあたる人びとは全人口の二二・三％、A・Bにあたる人びとは八・四％であり、貧困線以下の人びとは全人口の三〇・七％もいるということが明らかになった。施設収容者まで含めると、貧困線以下の人びとは全人口の三二・一％になる。

†「食べられるか否か」という貧困線

ブースの貧困理論の特徴として、ここでは四つを指摘しておきたい。

① 「貧困」として理解されている生活水準が非常に低いこと（食べられるか否か）
② 優生思想が反映されていること
③ 「救済に値する労働者」はC・D層でありA・B層は除外されていたこと
④ 「階級」には手を付けずに「階層」に注目していること

はじめに①「「貧困」として理解されている生活水準が非常に低いこと（食べられるか否か）」について説明したい。彼が当時支配的だった社会規範を反映して判断した「あってはならない生活状態」の水準は、現代社会からみれば非常に低いものであった。

ブースの貧困理論で語られる「あってはならない生活状態」の水準は、この後に紹介するラウントリーによって、より簡潔に表現され提示されることになる。ラウントリーの貧困の定義は、ブースの定義を簡潔にすることを通り越して、やや単純化が過ぎるところがあるが、ラウントリーにせよブースにせよ、概ね「食べることができるか否か」というところに「貧困」と「非・貧困」の境界線を引いている。

ただし、詳しくみていくと、ブースの貧困理解は、ラウントリーのそれよりも科学的には正確であった。科学的な正確さが政策化にとってポジティブに作用するかといえば、必ずしもそうではない場合もあり、むしろラウントリーによって簡素化され提示された貧困の定義の方が、実際に政策を運用する過程で使いやすい（あるいは誰にとってもわかりやすい）ものであった。

†個人の生活への介入

次に②「優生思想が反映されていること」について、ブースの著書において優生思想がみてとれる箇所を具体的に紹介しておこう。ブースは、先述した「階層」のうち、最も貧困なAについて、次のように述べている。

彼らは何の役にも立たず、何の富も生みださず、むしろ破壊することが多い。彼らは触れるものすべてを劣化させ、個人としてはおそらく改善することができない。

(Booth 1904)

ブースは、この人びとの性格は生物学的な「汚れ (taint、mud)」であるとし、「かなりの程度で遺伝性のものであることは疑いようがない」と論じている。特にAの人びとに対する彼のまなざしは冷酷なものであったが、AとBは相互に階層移動していると考えられていたため、やはりBに対しても彼は同様の見解をもっていた。

ただ、当時のイギリス社会において、ブースが特別に強力な優生思想をもっていたというわけではないことは留意しておく必要がある。彼は、貧困調査に基づいた科学的な貧困対策の実施を主張していくが、貧困対策は公的権力による人びとの生活や家族関係への一定の介入を伴う。科学的合理性のもとに、公的権力が人びとの生活や家族関係に干渉することを正当化するための根拠に、優生学や優生思想が一つの役目を担ったのである。

したがって当時、福祉国家論を展開した社会主義者や自由主義者が優生思想をもつことも少なくなかった。この点は、現代社会においても、福祉国家を充実させようという議論に優生思想が伏在していないかを慎重に検討すべきである十分な理由になる。

†「真の労働者」とは誰か?

以上を踏まえつつ、さらに③「「救済に値する労働者」はC・DでありA・Bは除外されていたこと」について説明しよう。

ブースによれば、A・Bの性格は遺伝性のものでありどうしようもないとされていた。したがって、救済の対象であるべき「真の労働者階層」はA・Bではなく、C・Dであった。そこで、C・Dの貧困を何とかするための方策を模索する必要があると彼は考え、そのためにBに着目し、C・Dの厳しい生活状態の原因を、労働市場におけるBとの競争によるものだと結論したのである。

ブースによれば、Bは気の向くままの生活をしており、遊ぶ金や酒を飲む金がなくなったときにだけ働く。したがって、手っ取り早く雇用にありつくために「もっと安くでも働くよ」と言ってしまう。そうした手軽さが、まじめに働くC・Dの人びととの労働条件をめぐるネガティブな競争を助長し、貧困状態を深刻化させている。

確かに、一部の労働者らが「もっと安くでも働くよ」と言えば、経営者はそちらを優先的に雇用するだろうし、他の労働者らも自分たちの生活を維持するために「さらに安くでも働くよ」と言わざるを得ない状況が生まれてしまうだろう。つまり労働者が買い叩かれてしまうのである。

したがって、ブースはBを合法的に労働市場から排除し、C・Dとの競争をなくし、貧困を解消しようとしたのである。実際に彼は「Bとの競争がCとDの足をひっぱり、CとDとの競争がEに重くぶら下がる」(Booth 1904) と記述している。なお、Aは「犯罪者予備軍」であるとブースは考えており、彼ら・彼女らは、数としては少ないため放置しておくか、Bを合法的に労働市場から排除し貧困を解消することで、目に見えやすい存在となり、取り締まりが容易になるとみていた。

Bの人びとを合法的に排除する方法として、「救貧法の拡張」をブースは提案している。このアイデアのなかには、「産業共同体の創設」という具体案も含まれていた。これはまさに優性思想に基づく特定の人びとの社会からの排除・隔離であった。救貧法には、労働に従事しない者を捕え、社会から隔離し、勤労倫理に背いたことに対する罰を与え訓化《くんか》させるための施設(ワークハウス)の設置が盛り込まれていたが、まさにこの合法的排除・隔離のための施設の拡大版が「産業共同体の創設」だったのである。

ブースの貧困調査によって、貧困状態にある人びとの全人口に占める割合が彼自身の当初の予想に反して非常に高いものであることが明らかにされた。そして「真の労働者」を選別的にまなざすことによって、彼らを救済の対象とし、そうでない者を排除した。したがって、ブースの貧困理論は、優生思想に基づく、「選別と排除」を旨とするものであったともいえる。

ただし、ブースの貧困理論は、優性思想に基礎づけられていたというよりも、資本の論理が先行していたということには注意を払っておくべきである。つまり、資本による「役に立たない」あるいは「救済に値しない」人びとに対する判断を科学的合理性のあるものとして仕立てあげるために、優性思想が利用されたのである。

†批判されるべきブースの理論

このように、ブースの貧困理論には直視すべき問題が含まれており、その点は批判的にみなければならない。社会福祉の教科書ではこのことはあまり説明されず、ブースの偉業だけが記載されていることが多いため、本書ではこのことをことさら強調しておきたい。

もちろん、ブースの貧困調査によって、貧困問題の一部に対して社会的な対応が必要であるとするきっかけが生まれたことは、現代の視点からも肯定的に評価できる。また、ブースが資本家であったという事実、当時のイギリス社会では優生思想が大きな影響力をもっていたという事実に鑑《かんが》みるならば、歴史的文脈を無視してブースを一方的に断罪するのは誤っているという指摘もあるかもしれない。

しかし、ブースの貧困理論に内在する論理は、後の貧困理論や貧困対策に大きな影響を及ぼしているため、徹底した批判を差し向けておかねば、現代社会における貧困問題に内在する課題に向き合うことはできない。このことは強調してもし過ぎることはないだろう。

†「階級」と「階層」

④「階級には手を付けずに階層に注目していること」についても、説明が必要だろう。何度も言及しているように、ブースは資本家である。そのブースが貧困調査を実施したのは主に二つの動機に基づいている。

第一の動機は、「産業の総帥《そうすい》」を自称する「資本家階級」としての罪の意識である。つまり、社会の牽引役は自分たちであるにもかかわらず、思うように産業平和を確立できておらず、人間疎外が慢性化した社会となっていることに対する資本家階級に横断的な社会認識である。

第二の動機は、労働運動をはじめとする社会運動の過激化を抑え産業秩序の維持を図るというものである。資本家が資本家であることができるのは、賃労働の担い手である労働者階級がいるからである。

これら二つの動機に鑑みるならば、ブースは貧困を生み出すような社会関係（階級または生産関係）をなくそうとしたのではなく、階層移動を促すことによって貧困対策を成立させようとしたのである。

ここでいう「階層」とは、例えばA～H層のような労働者階級のなかで生じる所得の序列のことである。また、ここでいう「階級」とは、生産手段をめぐる人びとの社会関係のことである。

資本主義社会では、生産手段を私的に占有している人びと（資本家階級）が、生産手段と生活手段を剝奪された人びと（労働者階級）を賃労働者として編成し、雇用して労働させ剰余価値を獲得し、資本の自己増殖運動を再展開していく。

この過程が一度確立されてしまうと、生産手段をめぐる上述のような特定の関わり方が固定化されるようになってしまう。賃金労働者は自分たちにとって必要なものを生産するのではなく、資本が「売れる」と判断した物を資本の指揮命令のもとで生産することになる。個別資本（経営者）による賃労働者らの仕事の配置によって賃金にも格差がつけられる。

この時点で、賃金労働者らは生活安定のための基盤（生産手段への自律的なかかわり）を失っているだけでなく、自らの労働の成果物をどのように分配するかという決定権まで失っている。そしてまた、資本の都合によって労働力の必要／不必要が判断されるため、雇用にありつくことのできる労働者と求職者数は一致しないことが常態となる。そのため、残念ながら、賃金労働を旨とする雇用にありつくことができず失業状態を強制されてしまう人びともいるだろう。かくして労働者階級のなかにも格差や階層が生じていくのである。

簡潔に整理するならば、階層（分配関係）は、生産をめぐる社会関係（生産関係）の結果である。資本主義に独特な生産関係が原因となって、その結果としての階層を生みだしているのである。したがって、生産関係が別の形態をとれるようになれば、格差や階層をはじめとする分配関係に大きな修正を加えることができる可能性が大いに高まる。逆に、根本原因にアプローチすることなく、格差や階層へのアプローチに終始すれば、格差や階層は絶えず生じ続けるため、それは対症療法にしかならない。短期的にみれば、当然だが対症療法は必要である。しかし、中長期的には根本的解決を模索する必要もあるだろう。

理論的にみると、貧困問題に対しては、「分配関係（階層）」へのアプローチと「生産関係（階級）」へのアプローチは両輪で実施する必要がある。

しかし、ブースは敢えて生産関係や階級関係には手を付けなかった。それは、彼の貧困調査の動機をみれば明らかである。彼は産業秩序の維持を企図したが、それは別言すれば、従来の生産関係を安定的に持続させるということに他ならない。そのためには、資本家が資本家であるということを否定(自己否定)することは許されないし、そもそも自己否定は当初の動機と論理的整合性をもたないのである。

†地方都市での貧困調査

ブースと同じ時期に、ラウントリーはイギリスの地方都市ヨークで貧困調査を実施した。ラウントリーはブースから影響を受けている。彼は基本的にブースと同様の手法で調査を行ったが、これには二つの特徴がある。第一に、地方都市における調査であったということ。そして第二に、貧困の定義を明確に打ち出したということである。

ブースの貧困調査が大都市ロンドンで実施されたのに対し、ラウントリーの貧困調査は地方都市ヨークで実施された。ラウントリーが地方都市ヨークで調査を実施したのは、貧困が大都市特有の問題ではないことを実証したかったという理由があった。

貧困が大都市特有の問題であるならば、それは社会問題ではなく「都市問題」というべきである。しかし、そうではなく「貧困」は、この社会に普遍的な「社会問題」であるとラウントリーは仮説を立てた。このような理由から、ラウントリーはヨークという地方都市がイギリスの地方を代表できるような性格を有しているかどうかを確認したうえで調査を開始した。

仮にヨークでも貧困が深刻な問題であることが明らかになれば、他の地方都市においても同様の問題が推測され得るだろう。そして実際に、調査の結果、ヨークでも貧困は深刻な問題であることが明らかになった。さらに、貧困を余儀なくされている人びとの割合は、ブースのロンドンでの調査において明らかになった割合とほぼ同じであることがわかった。

†栄養と貧困

さらに、ラウントリーが明確化した貧困の定義について説明しよう。ブースによる貧困の定義は、生活実態をみることから出発していたので、何らかの数値を全面化したものではなかったが、ラウントリーは「栄養所要量を充足させる所得」という観点から出発した。ラウントリーによる定義を引用しておこう。

> ① その総収入が、単なる肉体的能率を保持するために必要な最小限度にも足りない家庭。これに該当するような貧困を、「第一次貧困（primary poverty）」とする。
> ② その総収入が、（もし、その一部分が他の支出――有用無用問わず――に振り向けられない限

り）肉体的能率を保持するためにギリギリ足りる家庭。これに該当する貧困を、「第二次貧困（secondary poverty）」とする。（Rowntree 1901）

ここには「その総収入が」と記されているので、ラウントリーが、まずはお金の多寡によって貧困をみようとしていることがわかる。

そして、「肉体的能率の保持」のための「必要最小限度」とある。つまり、そこでは「社会的人間」ではなく「生物的ヒト」が想定されている。

また、ラウントリーによる定義では、「第一次貧困」と「第二次貧困」が分けられているが、これらいずれの場合も厳しい生活状態であることには変わりない。いずれの場合であっても「あってはならない生活状態」であると彼は考えていた。「第二次貧困」の記述をみればわかるように、もし何かのアクシデント（病気、けが、お金を落とす……）が生じたら、第二次貧困の状態にある人びとは肉体的能率の保持すらもかなわなくなってしまうのである。

注意すべきは、肉体を維持するための栄養を充たすには食材が必要だが、食材は常に手元にあるわけではないし、常に調理加工されて飲食可能な状態であるわけでもないということである。食材を入手するためには、それが売られているお店に行く必要がある。ただ、そのお店が自宅の近くにあるとも限らない。さらに食材を調理加工するためには、調理道具、食器、火や水も必要である。

しかし、ラウントリーの貧困の定義からは、食材を入手するための移動費（交通費）、人間が移動するときに消費するカロリーを充足するための費用、調理にかかる費用（水光熱費等）、調理するために消費するカロリーを充足するための費用は排除されている。この貧困の定義は、あくまでも「肉体的能率の保持」の最小限度、すなわち生物的ヒトの生命維持が可能な状態だけが基本となっているのである。まさに「絶対的に」この状態を割り込むことが不可能なところにまで、切り詰められた極限の生活状態が想定されていたといえるだろう。だからこそ、それは「絶対的貧困」と呼ばれるようになったのである。

「絶対的貧困」という概念には、「人間の尊厳」という要素は基本的に想定されていない。しかし、これが当時の「あってはならない生活状態」をめぐる社会規範と整合的なものであったのである。

†肉体的生存と社会的生存

ブースとラウントリーの貧困理論はいずれの場合も、切り詰められた極限の生活状態が想定されているという意味において「絶対的貧困理論」であると考えられるが、両者を比較すると大きな違いもある。ここでは、序章の冒頭で述べた、「数値」から始めるのか、「生活実態」から始めるのか、という部分に注目して考えていきたい。

まず、ブースの貧困理論は、「数値」によって人びとの生活を切り分けることには慎重であった。彼は、社会階層をおおよその所得によって序列化していったが、それでも具体的な所得で明確に切り分けるというよりも、「生活実態」を観察しながら階層化していこうとした形跡がみられる。ここにはある種のわかりにくさはあるものの、ラウントリーの理論と比較すると、科学的にみて、より妥当性が高い方法である。「生活実態」は「数値」に先行するのであって、「数値」が「生活実態」に先行するのではない。

一方で、ラウントリーによる「貧困」の定義はわかりやすい。それは、人間生活の一部分を切り取り、単純化して理解するからだ。この単純化は、貧困の定義を運用に移す数値化の段階で威力を発揮することになる。つまり、貧困対策として所得保障を行う際に、どの程度の所得が必要なのかということを計算しやすくするための装置として非常に使い勝手がよいということである。

実際にラウントリーは、人間生活から「肉体的能率の維持」の部分だけを抽象した。つまり、彼の理論では、人間を肉体的生存の側面に限定して理解し、社会的生存の側面は捨象されているのである。

人間は動物の一種として肉体的に生存しているのみならず、他者と様々な関係を取り結びながら社会的に生存している。しかし、ラウントリーは個人が他者と取り結ぶ関係をほとんど考慮することがなかった。この全人格的な人間から動物的生存の部分だけを抽象する過程で、人間としての自認や尊厳、社会的存在としての側面は捨象されたのである。

このことは、所得保障の水準に直接的に影響を及ぼすことになる。「動物的生存の維持ができればそれでよい」とされる所得保障の水準は相対的に低くなり、「社会的生存の維持」というところまで考慮した所得保障の水準は相対的に高くなるからだ。

†「何とか食べていける」人は貧困か?

現代社会において、「動物的生存」は保障するが「社会的生存」は考慮しないということがあるならば、それは人間が自らの尊厳や存在意義を確認するための契機の剝奪であるといわねばならない。人間は、他者を通して自分自身の尊厳や存在意義を確証していく社会的動物だからである。

ここで社会的生存という場合の「社会」とは、人間と人間が取り結ぶ諸関係の全体を意味する。すなわち、人間から社会性を剝奪するというのは、個人が孤立させられるということに他ならない。それは、社会への参加が不可能になるという事態の強制でもある。

現代社会における国際人権法や国内の社会福祉関係諸法において、「社会参加」という表現はかなりの頻度で登場する。この言葉が、国内法だけでなく国際人権法においても多用されているのは、それが保障されるべきものであると世界中で合意されているからである。逆にいうならば、「社会参加」さえもできないような生活状態は「あってはならない」ものであると考えられている。後述するが、このように「社会参加」が阻害されている生活状態を「社会的排除」と呼ぶ。現代の貧困は、この「社会的排除」という概念から定義づけられる。

現実にそこにいる人間の全人性や、生活の実態から出発して貧困問題を理解しようとするとき、その理解と矛盾なく提示される貧困対策は、人間の社会的生存まで保障するものである必要がある。しかし、ラウントリーは「肉体的能率の維持」という視点からしか貧困対策を理解しない。現代社会においては、「肉体的能率の維持」に限定された貧困理解は、世界中で合意されている社会正義、社会正義が具体化された世界人権宣言や国際人権法などと整合性をもたない。

貧困を限定的な意味でしか理解せず、そこから導き出される限定的な貧困対策に終始することを正当化するものがあるとすれば、それは「差別」だけである。「差別」とは、特定の属性をもつ人間集団に対して、政治的、経済的、社会的、文化的その他のあらゆる公的生活の分野における不利をその対象に強制し、特にその対象となる人びとの選択肢を制限、あるいは剝奪することを正当化する機能をもった不合理な区別のことである（安里・志賀二〇二二）。

差別の結果、ある人間集団と他の人間集団のあいだに優先・劣後《れつご》関係が生じる。差別は、特定の集団を社会的に優先するために利用されるが、特定の集団が優先されるということは、それ以外の集団が後回しにされる（劣後）という状況を生み出す。あるいは、特定の集団を劣後させることで、他の集団を優先的に取り扱うということもある。

このいずれの場合においても、「マイノリティ」を規定するのは社会関係において劣後されているという状況であって、数のうえでの少数者ではない。この優先・劣後関係は、権力の非対称性をもった社会関係であるともいえる。貧困状態を強制されている者に対し、肉体的生存、あるいは肉体的能率の維持だけを保障し、それ以上の生活を認めないという事態は、「生活費節約の要請」ではなく差別による「生活の抑圧」なのである。

現代社会で人間が生きるために必要な生活水準とは、最低でも「社会的生存の維持」を可能とする水準でなければならない。その水準を割り込むと、人間は社会参加できなくなってしまう。それは現代社会では「あってはならない生活状態」であると判断される。

世論はときに差別を肯定してしまう。そのため上述したような社会正義と整合的な貧困対策は、世論とは折り合わないこともあるかもしれない。つまり、何とか食べることができているものの社会的に孤立させられているような生活状態について、「あってはならない」ものにはあたらないと世論は判断するかもしれない。こうした差別的な世論の判断は、「何とか食べることはできているので、許容範囲だろう」とし、こうした生活状態を「節約」の範囲内にあるものとみる場合があるかもしれない。

しかし、仮にこのような世論が数のうえで大勢を占めても、その世論が差別的であり社会正義に反するならば、世界の標準的な理解からみれば、それは「抑圧」なのである。社会のなかの人間として生存するためには、食べ物にありつくということ以上の生活保障が、どうしても必要になる。

現代社会における貧困理解に即して考えるならば、「動物的生存」と「社会的生存」がともに成立する水準が「最低限度の生活保障」であり、それよりも低い水準の生活を要求するのは「抑圧」的振る舞いであるといわなければならない。それ以下の水準にまで人間生活を切り詰めることは理論的には不可能なのである。

しかし、残念なことに、理論的には不可能な生活保障水準が、現代日本でまかり通っているのが実態である。

†空腹を満たすこと、栄養を充たすこと

ここまで論じてきたように、ラウントリーは人間生活の一部、つまり「肉体的能率の維持」という側面だけを抽象した。これに関連して、「肉体的能率の維持」に限定された人間生活とは具体的にいかなるものなのか、想像してみよう。このことは、貧困対策における生活保障水準を構想し、従来の生活保障制度を評価する場合の参考になるだろう。

まず、人間生活を「動物的生存の維持」に限定し、そこから食事がもっている機能について分析的に考えてみよう。動物が食べ物を食べるのは、空腹に対する反応があるからである。そしてまた、動物がその肉体を維持するためには、様々な栄養素が必要になる。つまり、空腹を満たすことと、栄養を充たすこととは別個の意味をもっている。動物が肉体的生存を維持するためには、少なくとも栄養を充たし、空腹も満たす必要がある。

空腹を満たすだけであれば、モヤシやキュウリだけを摂取しているだけでよいかもしれない。もしくは、段ボールを食べるだけでもよいのかもしれない。しかし、それだけでは十分な栄養がとれない。実際に、虐待によって空腹に耐えかねた子どもが段ボールを食べていたという痛ましい事件が過去にはあった。社会正義を持ち出すまでもなく、世論はこれを虐待（権利・人権の否定）であると理解するだろう。

では、栄養を充たすことさえできれば、それだけで肉体的生存は維持できるのだろうか。栄養を充たすだけであれば、点滴やサプリメントだけでも十分なのかもしれないが、筆者が調べたところ（専門外なので非常に大雑把なことしかわからなかったが）、それだけでは咀嚼《そしやく》力が低下したり、腸を使わないことで腸内環境が悪化し免疫力が低下するなどの問題があることがわかった。それはつまり、動物的生存が脅かされるということである。

空腹を満たし、栄養を充たすために食べ物を食べることは、それだけで社会的生存の維持を保障することにはならない。というのも、空腹と栄養を充たすためだけならば、調理や加工は必要ないからである。

確かに、野生動物のほとんどは調理も加工もされていない食べ物を摂取している。しかし、人間はそうした動物とは違い、基本的には、調理され「おいしい」と感じられるような食事をとって生活している。あるいは少なくとも「耐え難いほどまずい」と感じるような食事をできるだけ回避して生きている。

加工や調理をするという行為は、人間の社会的・文化的な実践である。そうした食事をとることで、「自分は（動物ではなく）人間である」と確認できるのである。逆に、例えば、ある個人が生のニンジンだけを食べて生きろと強制されたら、自分が人間として認められていないと感じるだろう。

差別された集団が暴力的に収容された施設があるとしよう。そこで非常に「粗末である」と感じられるような食事、あるいはほとんど加工もされていない食事しか提供されなければ、そこに収容されている人びとは、暴力的に収容されたことのみならず、その食事のあり方を通しても自分たちに差し向けられた差別を強く認識するであろう。

おいしいと感じられる食事をとったときに、「あぁ生きている」と実感したという経験が、読者の皆さんにもあるかもしれない。加工や調理された食事をとることが通常の生活である場合、その日常生活のなかで敢えてそうした経験を言語化することはほとんどないが、食事には人間に対して自らの「社会性」を確証させるきっかけを提供するという機能が含まれている。

つまり、「食事」には、「空腹を満たすこと」「栄養を充たすこと」「社会性を自己確証させること」という三つの機能があり、これらのうち前の二つは「動物的生存」のために必要な機能であり、三つ目は「社会的生存」のために必要な機能である。

†食事とは社会参加でもある

さらに、食事には「社会参加を保障する」というもう一つの機能がある。人間は食事を通して他者と関係を深め、新たな関係を取り結ぶことを頻繁にしている。サークルのコン

食事の機能

	生理的機能	社会的機能
分類 A	空腹の回避	社会性の確証
分類 B	栄養不良の回避	社会参加の保証

住居の機能

	生理的機能	社会的機能
分類 A	雨風の回避	社会性の確証
分類 B	危険の回避	社会参加の保証

衣服の機能

	生理的機能	社会的機能
分類 A	寒さの回避	社会性の確証
分類 B	不衛生の回避	社会参加の保証

表2　食事・住居・衣服の機能（出典：志賀2022）

パ、歓送迎会、結婚式、接待、葬式、地域のお祭り等々、例は非常に多くある（表2）。

社会参加の機能をもった食事は加工・調理されているだけでなく、通常、その場面に即した形態をとる。結婚式にカレーライスがでてくることはないだろうし、葬式にケーキがでてくることもない。その社会の文化や慣習から各々の場面に即した食事の形態はある程度規定されている。そうした食事を通して、人間は他者との共同性（仲間であるという認識）を醸成させていくのである。

ただし、「社会参加」の機能をもった食事にはそれなりの費用がかかる。したがって、現代社会の社会規範と整合的な、あるいは矛盾しないような生活保障における食事の費用は、食材の費用のみならず、加工・調理の費用、重ねて社会参加のための費用まで一定程度考慮する必要がある。

一方で、ラウントリーの貧困理論における「貧困」の定義や基準は、食事のもつ四つの機能のうちの一つ（栄養を満たすこと）だけしかみておらず、人間をいわば「抽象的臓器」としてしか理解していない。しかし人間は、単なる臓器の総合体ではなく社会性をもち、他者と関係を取り結びながら生存している。もちろん、これは他者と関係を取り結ぶことが絶対に必要（強制）であるという意味ではない。個人がそうしたいと感じたならば、それが可能となるような選択肢が実際に用意されていることが重要なのである。

第２章

家族主義を乗り越えるために
——相対的貧困理論

東京都内の通勤風景（©Ivo Gonzalez／アフロ）

†「相対的貧困理論」の誕生

前章で説明した「絶対的貧困理論」の次に紹介するのは「相対的貧困理論」と呼ばれる貧困の理解である。

相対的貧困理論が提示されたのは、一九七〇年代である。新たな貧困理論の提示に先立ち、既に一九六〇年代には「新しい貧困」の存在が議論され、「貧困」という概念が拡大していた。貧困概念（＝貧困の意味）が拡大したからこそ、再定義（＝貧困と非貧困の境界）が必要になり、新たな概念と定義の言語化の試みのうえで、新たな貧困線や貧困基準などの測定方法が提示されるに至った。

ブースとラウントリーによる貧困理論は、一八九〇年代から一九〇〇年代にかけて提唱されたものなので、それから半世紀以上も経過している。一九七〇年代当時の社会背景については後述するが、半世紀以上の年月が経つことで、様々な社会規範の変化、人権意識の発展、経済状況の変化などが複雑に絡み合い、「（人びとが判断する）あってはならない生活状態」「社会として放置しておくことができない生活状態」の水準が向上していた。

貧困概念が拡大し、従来は「貧困」に含まれていなかった要素が含まれるようになった。「絶対的貧困」は、「肉体的能率の維持」ができるかできないかを基準としていたが、それに対して「相対的貧困」は、「肉体的能率の維持」に加えて新たな要素まで含むようになった。そして、貧困概念が拡大したいま、なにをもって貧困と非貧困の境界とするのかを再び言語化する必要も生じてきたのである。

ここで「相対的貧困理論」の代表的論者として、イギリスの社会学者ピーター・タウンゼント（一九二八〜二〇〇九年）を紹介したい。彼は、一九七四年のウェッダーバーン編の論文集（*Poverty, Inequality and class structure*）と一九七九年の大著『イギリスにおける貧困』（*Poverty in the United Kingdom*）において、相対的貧困の定義を明示している。

注意喚起しておきたいのは、タウンゼントが新しい貧困の定義を示したからイギリス社会の貧困理解が変わったわけではなく、社会が判断する「あってはならない生活状態」の水準が向上したので、それを彼が「記述」したのである。「貧困とはこう考えるべきだ」という個人の意見表明と、「社会の貧困理解はこのようになっているので正確に理解すべきだ」として貧困の定義を「記述」することとは区別しておかねばならない。

タウンゼントによる貧困の定義を次に引用しておこう。

貧困ということばは、相対的剝奪（relative deprivation）という概念の視点からのみ、客観的に定義づけられ、かつ一貫して矛盾なく使用されるのである。それが本書のテーマである。貧困とは、主観的なものというよりは、むしろ客観的なものとして理解されている。個人、家族、諸集団は、その所属する社会で慣習になっている、あるいは少なくとも広く奨励または是認されている種類の食事をとったり、社会的諸活動に参加したり、あるいは生活の必要諸条件や快適さを持ったりするために必要な生活資源を欠いているとき、全人口のうちでは貧困状態にあるとされるのである。貧困状態の人びとの生活資源は、平均的な個人や家族が自由にできる生活資源と比べて、きわめて劣っているために、通常の社会で当然とみなされている生活様式、慣習、社会的活動から事実上締め出されているのである。（Townsend 1979）

ここでは、「相対的貧困」ではなく、「貧困ということばは」という表現から始まっているが、これは、「あってはならない生活状態とは」という表現に置き換えることができる。そして、タウンゼントによれば、この「あってはならない生活状態」とは、「相対的剝奪」という概念から客観的に定義づけられる。

「相対的剝奪」とは、その社会で多くの人が所有している物を所有していないこと、あるいは多くの人ができていることが所得の欠如のためにできていないということを意味している。例えば「家庭に冷蔵庫がないこと」や「一週間のうち四日間、新鮮な肉を食べなかったこと（外食も含めて）」をタウンゼントはあげている。彼はここであげた二つを含む全一二の項目を考案し、所得と項目の関連を調べた。所得が低くなるほどに該当する項目の数が多くなることは予想に難くないが、一定の所得額を境にして該当する項目が急激に増加する地点が存在する。この境となる点を「変曲点」と呼ぶが、この変曲点の周辺に貧困線があるのではないかとタウンゼントは考えた。

この「相対的貧困（相対的剥奪概念から定義づけられる貧困）」は、「絶対的貧困」にどのような意味が追加されて成立したのだろうか。これを理解すれば、相対的貧困理論が提示されたことの社会的意義を理解できるようになる。説明の見通しをよくするために、まずは「絶対的貧困」と「相対的貧困」を比較し、「相対的貧困」に新たに追加された新要素について整理しておこう。

① 食事における「社会性」
② 社会参加
③ 当然とみなされている生活様式

†貧困と社会参加

まずは、①「食事における「社会性」」という要素から説明しよう。

前章では、ラウントリーの絶対的貧困理論との関連から、食事の機能を四つに分類した。ラウントリーの絶対的貧困理論においては、「栄養を充たす」ことが重視され、他の要素についてはほとんど顧みられていなかった。

一方、タウンゼントの相対的貧困の定義が示された文章には、「その所属する社会で慣習になっている、あるいは少なくとも広く奨励または是認されている種類の食事」と書かれている。ここで示されているような「食事」とは、まさに「社会性」という要素を含むものである。単に栄養を充たすためだけの生の食材ではなく、人びとが所属する社会的慣習や文化に即して加工・調理された食事が考慮されている。

つまり、動物的生存のみならず、社会性を維持しながら生存できるような所得が保障されるべきであるという社会規範が一般化しつつあり、これをタウンゼントは記述したのである。

次に、②「社会参加」について説明しよう。引用文中にも、「社会的諸活動に参加したり」という表現がある。「社会参加」も、絶対的貧困概念には含まれていなかった要素である。絶対的貧困理論では、最小限の栄養を充たすことさえできていれば、社会に参加できていなくても、貧困（＝あってはならない生活状態）であるとは考えられていなかった。しかし、相対的貧困理論ではそうではない。

†「男性として」「女性として」の差別性

ただし、この場合の「社会参加」という概念には注意を払っておく必要がある。ここでいう社会参加とは、より正確には「役割遂行型社会参加」とでも呼ぶべきものである。「役割遂行型社会参加」とは、「男性が外で働き、女性が家を守る」といった当時の家族規範が反映された社会参加のあり方である。男性として、または女性として、家族やその家族とつながりのある共同体から期待される役割を遂行するということが、当時の社会参加の一般的なあり方であったが、現在の社会規範からみるとそれは「家族主義（近代家族主義）」的であり、女性に対する差別と抑圧のうえに成立していたといわざるを得ない。

だが、相対的貧困理論が提示された当時のイギリス社会では（日本もだが）、役割遂行型社会参加が一般的であった。あるいは少なくとも、そうした社会参加に大きな問題があるとはみなされていなかった。

後述するが、一九八〇年代以降、この「役割遂行型社会参加」は徐々に後景に退き、

「自己決定型社会参加」と呼ばれる社会への参加のし方が前景化してくることになる。つまり、「男性／女性として」という社会的役割を果たすことへの期待の押し付けは「差別」であると認識され、「一人の市民として」生きるという新しい規範が一般化してきたのである。

最後に③「当然とみなされている生活様式」について説明しよう。

ここでいう「生活様式」とは、「ライフスタイル」という言葉に置き換えても差し支えない。タウンゼントによれば、その社会で当然とみなされているライフスタイルの維持という要素が貧困概念に含まれるようになった。

「絶対的貧困」においては、一個体としての動物の生存のみが問題にされていた。その肉体的能率の維持は、人間というよりも「ヒト」としての生存である。したがって、絶対的貧困理論では、人間としての「生活」のあり方は問われていなかった。しかし、ここにきて様々な他者と種々の関係を取り結びながら生きていくという社会的な生活も考慮されるようになってきたのである。

この「生活」についても、先述した社会参加概念と整合性をもって理解する必要がある。社会参加は生活の一部なので、当然のことである。

当時、一般的だとみなされていたライフスタイルは、男性中心主義的な家族観によって営まれていた。男性が有償の労働、女性は無償の家事労働にそれぞれ従事し、子どもや高齢者のケアは女性によって担われることが想定されていた。女性は有償の雇用に全く従事していなかったわけではないものの、その労働は家計を支えるのではなく補助するものに過ぎないとみなされていた。

社会保障制度もそうしたライフスタイルに即して編成されていたし、社会保障制度や経済の仕組みが、ここで論じているようなライフスタイルを再生産するという側面もあった。

以上のように、新しい貧困（相対的貧困）には、絶対的貧困にはなかった要素が加わっている。従来は貧困の意味（＝貧困概念）に含まれていなかったものがそのなかに含まれるようになったということである。

†概念拡大の社会的背景

次に、「貧困」という概念が拡大した社会背景について説明したい。

前にも述べたように、貧困概念は、自律的に拡大したわけではなく、社会規範の変化と歩みをともにしている。「貧困＝あってはならない生活状態」であることは何度も言及してきたが、何が「あってはならない」ものかを判断をするのは「社会」である。人びとの関係のなかから「あってはならない」という価値判断が紡ぎ出されていくのである。

したがって、「あってはならない」という判断は、政治家や研究者などの特定の個人によるものではない。もちろん、特定の個人が人びとの価値判断に大きな影響を与えることもありうるが、仮にそうだとしても、そうした人びとの言説自体がすでに、他の社会規範からの影響を受けたものだ。

例えば、社会的力をもつ権力者による差別発言や差別を含む貧困（貧困者）バッシングが瞬間的に一部の人びとから支持されることがあったとしても、それらは世界的に合意された社会正義と矛盾するだけでなく、社会正義をもとに展開される社会運動が紡ぎだす社会規範によって批判され、次第に是正されていくことになるだろう。

相対的貧困理論における「あってはならない生活状態」をめぐる判断が、他の社会規範と歩みをともにしているということ、および他の社会の様々な変化による影響を受けているということについて、ここで確認しておきたいのは、以下の三つである。

① 戦後、世界的に合意された種々の社会正義の成立、社会への浸透
② 労働者階級による社会的力の強力化
③ 社会保障制度の充実と経済成長の相互作用

†「社会正義」の成立

絶対的貧困理論が提示された一八九〇年代から一九〇〇年代の後には、二つの世界大戦があった。第一次世界大戦後には、国際機関として国際連盟が発足したが、国家間で合意された社会正義、特に人権をめぐる取り決めは一部の例外をのぞき存在しなかった。

国家間で約束された人権に関するルールである「国際人権法」が成立するのは、第二次世界大戦（一九三九〜四五年）を経て、国際連合が発足した後である。人権とは、一種の社会正義を具体化したものなので、国際人権法は、世界的に合意された一連の社会正義であるといえる（もちろん、国連に加盟していなかったり、国家間のルールに批准していなかったりということはある）。

さらに、第二次世界大戦後の一九四八年に、「世界人権宣言」が国連で採択された。これには法的拘束力はないものの、その後に続く各種の人権に関する条約・規約の基礎となるものである。筆者は国際人権法の専門家ではないため入門書を参照するが、国際人権法に関する文献には、以下のように記されている。

国際的な人権基準は、私たちにとって、人権保障のあり方を問い直すための普遍的な

拠りどころとしての意味をもっている。（申二〇二〇）

第二次世界大戦後、人権は真正面から国際的に問題とされるようになり、国際人権法は、各国での人権保障を補完する意義とともに、国際社会の平和を担保する意義をもつものとして誕生した。（中略）そのプロセスで、国際人権法は、各当事者の視点から社会のあり方を問い直し現状を変革する意義（機能）をも果たした。（川島ほか二〇二一）

こうした人権に関する宣言やルールは、社会や国家のなかで、あるいは国家を超えて、連帯し展開される社会運動の拠り所になっていった。あるいは、世界的に合意された一連の社会正義は、社会のなかで特定の人間集団が劣後され社会的不利を強制されているとき、それを「不正義である」と認識し、判断する際の基礎ともなる。

正義論や社会選択理論で著名であり、ノーベル経済学賞も受賞しているアマルティア・センの次の指摘が思い出される。「人権宣言とは、ここで解釈してきたように、その権利の定式化の中で特定され、承認される自由の重要性の主張のことである。例えば、ある人の「拷問を受けない」という人権が承認されるとき、拷問からの自由の重要性は、すべての人に対して再認識され、承認される」（Sen 2009）。つまり、社会正義への認識が充実したことにより、「不正義」がより正確に認識できるようになった。

例えば、世界人権宣言には「人間の尊厳」という言葉が何度も登場し、その重要性が強調されている。その一方で、絶対的貧困理論では「肉体的能率の維持」だけに注目しているため、「人間の尊厳」という考え方は基本的に排除されている。

「肉体的能率の維持」ができていればそれでよい、という理解それ自体がもはや戦後の国際社会では「あってはならないこと」「受け入れがたいこと」であると認識されるようになっていった。ただし、戦後約八〇年経った今でもなお、絶対的貧困状態を強制されている人びとがこの世界に多くいるという深刻な事実を忘れてはならない。

社会正義が貧困概念に与える影響について、さらにわかりやすい例は、一九六六年に国連で採択され、日本では一九七九年に批准された、「社会権規約」というものである。「社会権規約」には、教育、健康をはじめとする生活上の権利が明記されている。つまり、人間の生存を「ヒト」という動物的生存に限定するのではなく、社会的生存にまで拡大し、それを保障すべきであるというルールが明記されているのである。したがって、「動物的生存さえ維持できれば「あってはならない生活状態」が解決する」という理解は、この「社会権規約」とも矛盾する。

†「貧困消滅論」対「新しい貧困」

こうした社会規範の変化もあり、一九五〇～七〇年代のイギリスでは、動物的生存さえ達成されれば貧困ではなくなるとする「貧困消滅論」と、「新しい貧困」という二つの対立する言説が闘わされることになったのである。

「貧困消滅論」を支持する者たちは、基本的に「貧困とは絶対的貧困のことである」という理解に立ち、「高度経済成長を経たいま、食べることができないような生活状態の人びとはほとんどいなくなったのであり、それとともに貧困も消滅したのだ」と考えた。

その一方で、「新しい貧困」を主張する者は、人間の「社会性」や「社会参加」を重視していた。生活に苦しむ人びとの生活実態から出発し、そのなかで得られた「食べることができていればそれでいいのか」という問いに対する回答は、国際人権法のなかにも求めることができたし、そもそものような問いに基づく要求が「社会権規約」の成立として結実した側面もあった。

「貧困消滅論」が一部の人びとから熱烈な支持を得ていたとしても、それは徐々に変化しつつある社会規範の方向性や社会正義のあり方とは矛盾するものであった。このような事情もあり、事後的にみれば、「貧困消滅論」は棄却され「新しい貧困」が発見されたということになっている。タウンゼントの相対的貧困理論は、こうした論争のなかで提示されたのである。

ここで、社会学者であるドロシー・ウェッダーバーン編著の、一九七四年の論文集における次の文章を紹介しておきたい。

> だが最近、第二次世界大戦後と比較すると、多くの先進諸国において貧困は再び重要な社会問題となってきている。これは経済条件の客観的変化にもとづくものではないし、あるいは Miller や Roby が説明しているように「人口の一部が前世代に比べてより悪い環境のなかで生活していること」に原因があるのでもない。というのも、今日のイギリスにおける貧困者が、ラウントリーが一九世紀末にヨーク市で行った第1回目の貧困調査当時と比べて、より良い状況にあることは疑いようのない事実なのである。
>
> （Wedderburn 1974）

ここで特に重要な部分は、人びとの客観的な生活状態が悪化しているわけではないのにもかかわらず、貧困問題が再燃しているという社会分析である。

†労働者階級と労働党政権

絶対的貧困理論が提示された当時、イギリスでは激化する労働運動をうけ、産業秩序の維持を目的として、資本家であるブースやラウントリーが貧困調査を開始した。ブースだけでなく、一九世紀末から二〇世紀初頭の左派や自由主義者の代表的論者のなかには、優生思想の影響を強力に受けていた者が少なくなかった。だからこそ、国家権力が人びとの生活に直接干渉することが正当化された。

こうしたいくつかの事情が絡まりあって、国家による生活保障が制度として論じられ始めると、イギリス労働者階級は制度への影響をより強めるべく動いた。

一九〇〇年に、労働者の代表を国会に送り出すための運動体として労働者代表委員会が結成され、一九〇六年に労働党に改称し、第二次世界大戦後の最初の総選挙では一〇〇〇万を超える票を獲得するまでに至った。このときに成立したのがアトリー労働党内閣である。

労働者政党が政権与党になれば、労働者階級の要求を実現しやすくなるかもしれないが、だからといって政権をとらなければ要求が通らないわけではない。あくまで、労働者政党は社会運動のなかから生じる要求実現の手段の一つであって、すべてではない。

労働者階級の力が増してくれば、保守勢力や保守政党はこれを無視できなくなる。したがって、労働党が政権与党になる以前にも、労働者階級は労働運動のなかで様々な要求を実現させてきた。なかでも、一九〇六年から開始された「リベラル・リフォーム」と呼ばれる社会改良のための諸制度の成立は、非常に重要な出来事であった。ここで成立した諸制度のなかには、一九〇八年の無拠出老齢年金法、一九一一年の国民保健法などもあった。これら（特に国民保健法）は、イギリス社会保険制度の出発点となっていく。

†戦時下での激しい労働運動

一九一四年には第一次世界大戦が始まり、一九一八年に終戦を迎えるが、一九三九年に第二次世界大戦が勃発する。第二次世界大戦時、日本は人びとを総動員したが、イギリスでも多くの人びとが戦争に動員された。しかし、興味深いことに、イギリスの労働者階級は、戦時中にも労働運動を継続していた。

労働経済学者である内藤則邦《ないとうのりくに》によれば、当時のイギリス社会は一九四〇年にストライキを非合法化し、同年、いったんはストライキ件数とストライキによる損失日数は最低になった。しかし、以後増加に転じ、一九四二年には戦前水準に復帰、さらに一九四四年には、ストライキは二二一九四件、ストライキによる損失日数は三六八万七〇〇〇労働日に達した。

労働争議は石炭産業で最も活発に行われ、当時の労働大臣アーネスト・ベヴィンによればば「シェフィールド地帯の炭鉱労働者の実力行使は、空襲が与える以上の損害をイギリスに与えた」(内藤一九七五)。

そうした激しい労働運動の展開のなかで、イギリスの支配者らは労働者階級を戦争に動員すべく、何らかの方法によって説得する必要があった。労働社会学者の木下武男《きのしたたけお》によれば、「そのような戦後社会の約束を、労働者にしなければならないぐらい彼らは戦争に協力的ではなかった」(木下二〇一二)。

そこで、一九四二年、戦後のイギリス社会保障を約束する計画書が政府から提示された。これが非常に有名な「ベヴァリッジ報告書」である。経済学者の小峯敦《こみねあつし》によれば、「戦時にあって、将来計画の提示という手段でイギリス国民を統一した」(小峯二〇〇六)。戦時中の国民統一について、ベヴァリッジは次のように言及している。

社会保険を再建したり、またよりよい平和な世界のための他の計画を作成したりすることとは、確かに望ましいことではあるが、全てこのような事柄は今はしばらくおき、イギリスは戦争という緊急課題に全力を集中しなければならないと考える人がいる。今日、イギリスおよび連合国の国民が直面している問題の緊急性や困難さを強調するのに多くの言葉を労する必要はない。現在の戦闘に勝ち残って初めて、彼らは自由と幸福と思いやりとを世界に残存させることができる。一人ひとりの市民が、戦争の目的に集中して最大限の努力を払って初めて、彼らは早期の勝利の希望をもつことができる。ところで、このことは次の三つの事実を変えるものではない。第一に、勝利の目的は古い世界よりももっとよい世界に生きようとすることであること。第二に、一人ひとりの市民が、政府がよりよい世界のための計画を戦後に間に合うように用意していると感じた場合に、戦争のための努力に一層力を集中するようになること。第三に、もしこの計画が戦後に間に合うように用意されなければならないとすれば、それは今の時点で作成されなければならないこと。

(Beveridge 1942)

ベヴァリッジには、国家による生活保障を約束する代わりに、労働者階級の国家統合と戦争参加を促進するという企図があったのだが、彼をしてそのような着想に至らしめたのは、無視できないほどにまで大きくなっていた労働者階級の力であった。これによって、社会保障の充実が約束され、戦後、実行に移されていくことになる。

前掲の内藤による指摘は正鵠《せいこく》を射ている。「戦時非常事態に直面し国民総力戦体制をとる必要から、社会統合の強化を改めてかかる形で示さなければならなかったとしたら、これはこの国の階級対立の深刻な軋轢《あつれき》の存在をみずから証明したものといわざるをえない」（内藤一九七五）。

もちろん、労働者階級のなかでも、高額所得階層と低所得階層では利害関係が一致しないところもある。実際に、労働者階級が力をもった結果として登場した労働者政党は、特に戦後、どの階層の労働者を主な支持対象としてアピールしていくのかについて一貫した態度をとることができなかった。

それゆえ、貧困をめぐる理解についても、一進一退の攻防を繰り返した。相対的貧困の理解が一般化した現在のイギリスにおいても、いまだに自己責任論を支持する者や絶対的貧困の理解に終始する者は多くいる。したがって、イギリスを理想化して論じるのは適当ではない。ただ、それでも「貧困消滅論」は退けられ、相対的貧困の理解を一般化させるほどの強力な労働者階級の連帯と力が確かに存在していたのである。

†社会保障制度の充実と経済成長

戦後のイギリス社会では、社会保障が着実に充実していった。ベヴァリッジの社会保障計画は、大きく分けて、「社会保険制度」「公的扶助制度（日本の生活保護にあたるもの）」「社会手当」から構成され、特に「社会保険制度」が主たる軸となっていくことが期待されていた。もしそうならば、社会保険料を労働者が納めるということが前提となる。

ただし、ベヴァリッジは、男性が正規雇用に、女性が家事労働に従事するという役割を当然視していた。もちろん、彼は女性の雇用従事について想定していないわけではなかったが、それは家計を支えるものではなく、家計を補助する労働に過ぎないとみていた。

したがって、ベヴァリッジの社会保障計画、および実際のイギリスの社会保障では、家計支持のための雇用に従事する男性が家族の分まで社会保険料を納めることが想定されていた。この想定のために、完全雇用（失業率三％以下）またはそれに近い状態を達成する必要があった。

完全雇用の達成のためには、適切な経済政策が必要になる。それを理論的に準備したのが、経済学者ジョン・メイナード・ケインズである。ケインズの経済政策に基づいて公共事業などを実施し、雇用を創出することで、失業者を労働市場に包摂《ほうせつ》し、それによって社会保険料をほとんどの労働者が納めることが可能になる仕組みがここで成立した。ただし、重い病気や障害のために働くことができず社会保険料を納めることができない者は、財源が全額税金である国家扶助（日本の生活保護制度）を利用することになる。

このケインズ＝ベヴァリッジ体制は、戦後の経済成長もあり、一九六〇年代から一九七〇年代前半頃までは概ね成功をおさめた。しかし、経済成長がいつまでも続くわけではない。資本主義が成熟してくると利潤率は低下し、低成長となってくる。そして、一九七〇年代後半から一九八〇年代にかけて、イギリスを含む当時の先進資本主義諸国で同様の状況が生じた。こうして、一九八〇年代以降、社会福祉バッシング、社会保障抑制の色彩が徐々に濃くなっていくことになる。

これまでの説明を整理しよう。イギリスで「貧困消滅論者」たちが主張したような、絶対的貧困状態の大幅な削減という事実の背景には、ケインズ＝ベヴァリッジ体制がある程度の成功をおさめ、全般的な国民生活の向上が人びとに実感されたことがあった。

国民生活はまた、全般的に向上するとともに画一化されていき、「普通の暮らし」「当たり前のライフスタイル」という認識も次第に醸成されていった。同時に、先述したような国際人権法などの規範が社会の人びとに徐々に浸透していく。こうして、貧困という概念が、より高度な水準から理解されるようになっていくきっかけが生まれたのである。

†「近代家族主義」という限界

こうした、国民生活の全般的な向上と画一化の傾向を背景として、通常の「ライフスタイル」の維持が困難であることを示す「相対的剝奪概念から定義づけられる貧困」に関する理論には、現代的にみると次の二つの理論的限界がある。

①「近代家族主義」から自由になっていないということ
②貧困を「所得の欠如」に限定して理解していること

第一の相対的貧困理論に内在する「近代家族主義」について説明していこう。これについては既にある程度言及したが、重要なことなので詳細な説明をさせてほしい。「近代家族主義」とは、端的にいえば、女性に対する差別を基礎とし、社会的不利を人工的に創出し、それによってケアを含む特定の役割を彼女らに押し付けることによって特に近代以降に一般化した家族編成の様式である。

相対的貧困概念には、絶対的貧困概念には含まれていなかった「社会参加」概念が付加されており、それは「役割遂行型社会参加」と呼ぶべきものであった。それは、「男性として外で働き、女性として家を守る」という「近代家族主義」に基づく社会参加のあり方である。

こうした性差別を基礎とした性別役割分業を含む「近代家族主義」が貧困理論のなかに埋め込まれている理由は、それが当時の社会規範と矛盾しないものであったからという事情以外に、「ベヴァリッジ報告」に基づく社会保障体制において徐々に向上してきた所得給付の水準に、新たな理論的基礎を与えようとしたタウンゼントの問題意識も関係している。

「ベヴァリッジ報告」では、女性は結婚して家事労働に従事するものであると考えられていた。タウンゼントは「ベヴァリッジ報告」に基づく社会保障体系を所与のものとし、「近代家族主義」を受け入れたうえで、向上する給付水準の背景にはどのような論理が伏在しているのかということに焦点化して追究した。

タウンゼントも無意識に受容していた「近代家族主義」は、主に女性にケア労働を無償で押し付け、男性による一定額の労働賃金獲得のための雇用従事を可能としていた。これによって、資本は女性のケア労働に対して何の支払いもせずに男性を労働させることができた。また、男性は女性のケア労働を当然のものとして家庭内で振る舞うことができた。

女性の従属的地位は、男性や資本による暴力がその歴史的前提としてあるが、近代以降、人間集団間の序列関係や権力関係は、概ね資本主義的生産様式の都合によって編成されている。女性差別と資本主義の関係については、一九八八年（邦訳は一九九五年）に刊行されたマリア・ミースらによる『世界システムと女性（*Women: The Last Colony*）』を参照してほしい。筆者の見解とは異なる部分もあるが、世界に重要な問題提起をしたとみられている本である。

こうした「近代家族主義」については、ベヴァリッジもタウンゼントも概して無自覚であったが、ベヴァリッジは、女性の権利擁護の支持者であったことは伝記にも紹介されている（Harris 1998）。おそらく、当時のイギリス社会では、「近代家族主義」が制度や文化に織り込まれ、ある程度の時間が過ぎていたので、彼らはその文化や制度の暴力性に無自覚だったのだろう。

†サザエさんの「近代家族主義」を乗り越えるために

現在の日本でも、まだまだ「近代家族主義」は根強い。したがって、日本の貧困問題について考える場合も、この近代家族主義批判を外すことはできない。

例えば、日本の典型的な家族モデルであるとみなされてきた「サザエさん」をみればそれが理解できよう。アニメ版「サザエさん」は一九六九年に放送が開始された。「サザエさん」の公式HPには、「サザエさんが放送されてから50年。サザエさんの歴史は、日本の家族の歴史です」と記載されている（最終閲覧日：二〇二四年一〇月八日、URL：https://www.sazaesan.jp/）。

もちろん現在、サザエさんの家族を典型的な日本の家族形態であると考える人の数はかつてよりも減ってきているだろう。それについては、ここでは一旦おいておくこととする。

フネとサザエは専業主婦であり、ケア労働に従事している。アニメ版「サザエさん」では、それが当然の日常生活として描かれ、彼女たちが「近代家族主義」について違和感や疑義を差し狭むことはほぼない。当然のように台所に立ち、波平《なみへい》とマスオが資本の自己増殖のための賃労働を終えて帰宅するのを待っている。

波平とマスオも資本主義社会における資本のもとでの賃労働を当然視していると思われるが、近代家族主義的家族についてもまた当たり前のものと捉えている。サザエさんの家族は、フネやサザエの女性としての役割、および波平やマスオの男性としての役割について、それらを「普通」のものとして捉えている。

かくして、近代的な家族主義的家族が日々の生活を繰り返すことで、資本と男性に都合よく編成される家族主義が再生産されることになる。「サザエさん」を視聴している多くの人びとも、この日常生活の描写から近代家族主義をめぐる当然視化や、資本への従属構造を再生産する意識が、絶えず生産されていることに無自覚である。番組制作サイドもそのことに無自覚であるかもしれない。

「フネやサザエが、主観的に不幸であると感じていないのであればそれでいいのではないか」という批判もあるかもしれない。しかし、仮にそうであっても、「近代家族主義」を相対化し、その先にある資本によって編成された社会を相対化できなければ、女性の社会的不利と資本や男性への従属を根絶できない。

さらにいえば、「近代家族主義」や「人種主義」などの差別を根絶できない社会では、仮にフネやサザエが波平やマスオから離れて生活したいと望んでも、彼女たちには非常に多くの困難が待ち受けている可能性が高い。現代社会では少しずつ女性の社会進出は進展し、「近代家族主義」やそこに内在する女性差別へのまなざしが厳しくなってきているものの、それでも女性の社会的不利は依然として根強い。実際に、日本では「女性の貧困」「母子世帯の貧困」が非常に深刻である。

抑圧されている人びとが、思い悩み続けるよりも、現状に適応してしまうほうが、生存戦略として合理的な場合もあるかもしれない。

経済的に厳しい生活環境で育った子どもが、現状の生活をよりよく変えようと考え、助けを求めたり、行動を起こすよりも、今日の食事にありつくことを優先してしまうというケースもその一例である。

客観的にみて合理的と思われる行動と、主観的にみて合理的と思われる行動が常に一致するわけではない。人間は、自らが置かれた環境になんとか適応しようと、その時、自分にとって合理的と思われる行動をとろうとする。

やや説明がそれたところもあるが、相対的貧困理論における「役割遂行型社会参加」概念に内在する「近代家族主義」は過小評価すべきものではないということは改めて強調しておきたい。「近代家族主義」から自由になっていないという意味で、相対的貧困理論は現代の貧困問題を分析するための道具としては不適格な部分、片手落ちな部分があると評価せざるを得ない。

†「貧困とはお金がないこと」は正しいか？

次に、相対的貧困理論における「貧困＝所得の欠如」という理解の限界を指摘しておきたい。なお、この理解は、相対的貧困理論以前の絶対的貧困理論の時代から変わっていない。

「貧困＝所得の欠如」という理解に終始することは、二つの重大な欠点を生み出す。第一に、貧困対策が「所得の平等」を重視することで「選択肢の不平等」を容認せざるを得なくなってしまうということがあげられる。

貧困対策は「最低限度の平等」を達成することを目標としているが、「貧困＝所得の欠如」という理解に基づけば、「最低限度の所得の平等」を目指すことになる。「所得の平等」は、その所得を使用して獲得できる日常生活における選択可能な選択肢の幅（すなわち「自由」の広がり）について格差を生じさせてしまう。以前にも紹介したアマルティア・

センは、この「自由」を「ケイパビリティ」と表現している。この「自由」（＝ケイパビリティ）は、次章でも中核的な概念として紹介する。

例えば、「所得の平等」が達成できたとしても、何らかの事情で医療機関へのアクセスが阻害され、途方に暮れる人びとが生じてしまうかもしれない。ここでいう「何らかの事情」とは、例えば、重い病気で何度も通院しなければならない場合や、過疎地域でそもそも医療機関がない場合などが考えられる。

この社会は健康な人間だけで構成されているわけではない。また、すべての人が医療機関の充実した都市部に居住しているわけでもない。こうした実情を考慮するならば、貧困対策として「所得の平等」を達成できたからといって、それだけで「十分である」と断定するわけにはいかない。この点については、次章においてさらに詳細な説明を行う。

†貨幣はなぜ権力を持つのか?

「貧困とは所得の欠如である」という理解の第二の問題点は、「貨幣の権力性」に無自覚になってしまうことである。

貨幣は他の商品にはない「直接的交換可能性」という特別な力をもつ。すなわち、貨幣を使えば、どんな商品も必ず入手できる。一般の商品も他の商品との交換力をもってはいるものの、ただちに交換できるわけではない。

貨幣がもつこの「直接的交換可能性」によって、貨幣を所有する個人は、社会的文脈に関係なく、自らが望むときにいつでも商品を購入することができ、他者を動かすこともできる。貨幣は人びとの様々な事情などお構いなしに、その交換力を発揮することができるのである。

例えば、自分一人の安全を確保するために商品を買い占めることや、転売のために商品を買い占めること等々、社会的混乱を助長させるような事態についても、それは社会的文脈とは無関係に発揮できる貨幣の「直接的交換可能性」という特徴から生じる。

こうした買い占め行為などによって、商品が特定の人びとのところに偏って所有されることや、商品価格が高騰《こうとう》してしまうというような社会的混乱が助長される恐れがある。新型コロナウィルス感染症が流行し始めた当初のことを思い出してほしい。このような事態がひとたび生じたとき、人びとが取り得る手段は大きく分けて二つとなる。

一つ目は、商品へのアクセスをあきらめること。しかし、これでは生活が立ちゆかなくなってしまう。二つ目は、商品を購入するために貨幣をさらに多く獲得しようとすることである。これについても、賃労働者らが貨幣と賃労働へさらに従属的になり、貨幣の権力性が増長するというネガティブな結果につながる。

仮にその会社が、ブラックで劣悪な労働環境であったとしても、そこにしがみついていなければ生活必需品にもアクセスできなくなってしまう。いずれの場合も、生活が立ちゆかなくなったり、生活が不安定になったりするという事態を招くことになり、貧困問題の拡大と深刻化につながる。

さらに、貨幣は本来商品でないものを商品にする力もあるということについても注意を払っておく必要がある。生活必需物が商品化されていくと、人間はそれらの商品群にアクセスするために、貨幣を獲得する動機をますます強力なものとしていく。

例えば、医療サービスが商品化されたとする。あるいは、図書館サービスが全て有料化されたとする。各々のサービスを購入するために、人びとはますます賃労働へ駆り立てられてしまうだろう。実際に日本では、国鉄分割民営化、郵政民営化、水道事業民営化などによって、人びとにとって必要不可欠なサービスであるにもかかわらず商品化され、高額化が促進されている。高等教育の値上げ問題も同様である。

問題は、たとえ貨幣の分配がなされたとしても、様々な生活必需物の商品化や高額化が生じてしてしまった場合、格差や不平等が助長されるだけでなく、貧困も深刻化していくということである。しかし、「貧困＝所得の欠如」という理解では、こうした一連のネガティブな事態に十分な対応ができない。

ここまで見てきたように、絶対的貧困理論および相対的貧困理論にはいくつかの理論的限界がある。これらの諸限界について、一九八〇年代以降の貧困概念に基づく貧困理論(社会的排除理論)には新たな可能性が内在している。

一九八〇年代以降、貧困概念はさらに拡大したが、ここで新たに追加された要素は「権利」と「自由」である。これらの新たな要素がもつ可能性については次章で詳細に説明していく。

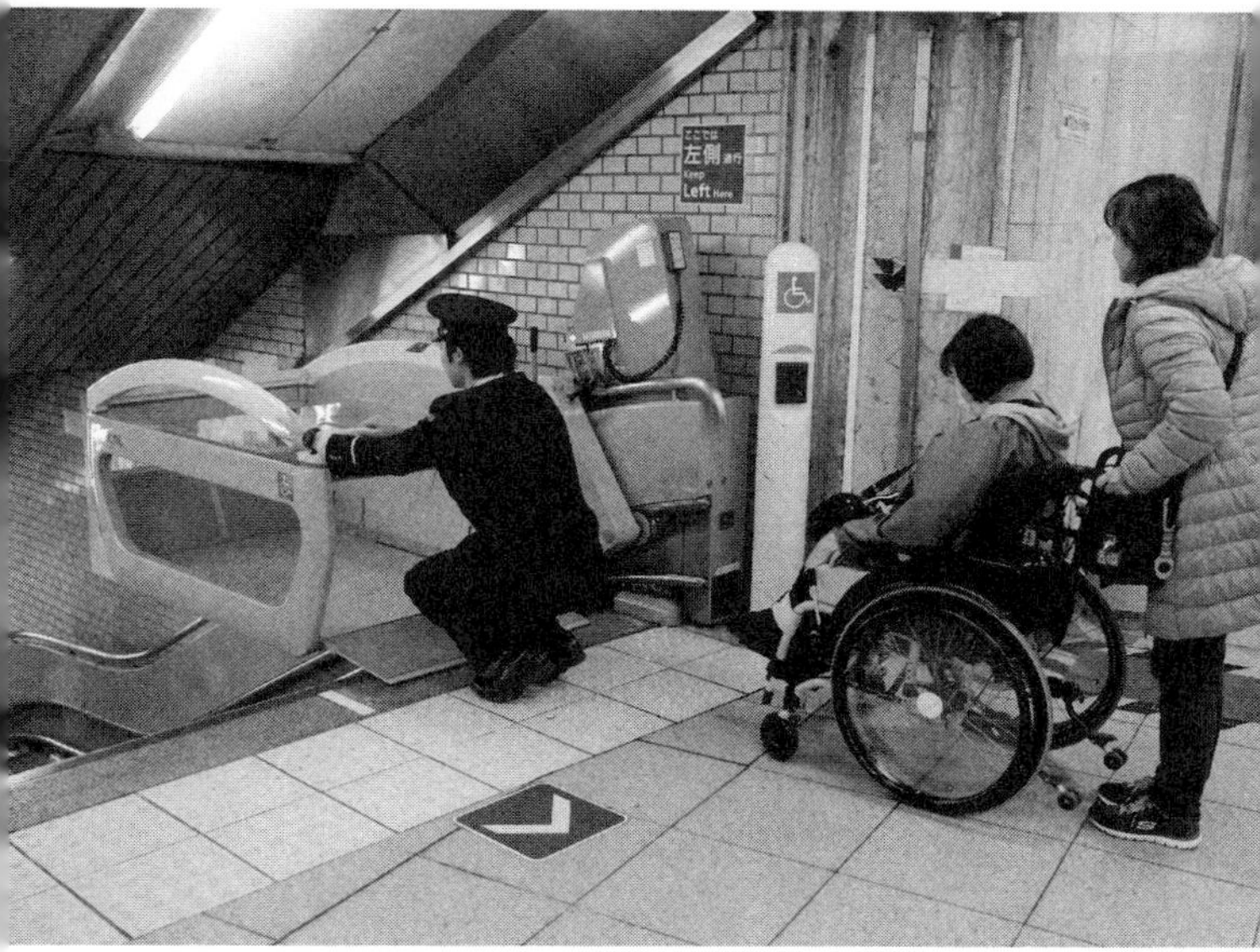

第 3 章

ベーシック・サービス、コモン、社会的共通資本
―― 社会的排除理論

車いすの利用者のために、駅員がリフトを準備している様子（©AP／アフロ／Jae C. Hong）

†「貧困」概念のさらなる拡大

「相対的貧困」は、一九五〇～七〇年代に言語化されたが、一九八〇年代以降、「貧困」という概念がさらに拡大し、再定義の必要が生じた。ここで再定義された貧困概念は、「社会的排除概念から定義づけられる貧困」と呼ばれ、徐々に一般化しつつある。

「社会的排除（Social Exclusion）」という概念は、「フランス生まれ、EU育ち」（岩田二〇〇八）と表現されるように、一九六〇～七〇年代にフランスで使用され始めたが、一九八〇年代以降、EUにおいて徐々に拡大し、次第に一定の合意がなされるようになってきた。また、「社会的排除」と対になるのは、一般的には「社会的包摂（Social Inclusion）」という概念であるとされている。「社会的排除」とは、端的にいうと、市民として保障されている諸権利へのアクセスが阻害されている生活の状態である。現代の貧困は、「市民的生存」ができないような生活状態を「あってはならない」と判断するようになりつつある。

ただし、これまでにも論じてきたように、「貧困」そのものが論争的な概念であり、「社会的排除」という言葉もいまだ論争の最中にある。

一九五〇～七〇年代に、「あってはならない生活状態」と新たにみなされるようになった「相対的貧困」も、当時は、「これも「貧困」として理解する必要はあるのか、それは言い過ぎなのではないか（貧困の過大評価なのではないか）」という主張が少なくなかった。前章で言及したように、「貧困消滅論」を支持する者は「相対的貧困」を「貧困」として認めないという立場だった。

しかし、現在のイギリスや日本の制度・政策の基本的な理念からみれば、「貧困＝相対的貧困」という理解は既に大筋の合意が得られたものとなっている。ただし、日本における貧困対策の一つである生活保護制度運用の局面においては、自民党による生活保護バッシングなどの影響もあり、いまだ絶対的貧困に近い水準となっている。理念と運用が政治的理由で大きく乖離《かいり》しているという違法状態があるということである。

注意しておきたいのは、「社会的排除」という概念は現在進行形で制度・政策にとりいれられることも多くなっており、それは日本も例外ではないが、制度運用の局面においては本来の理念から乖離している場合があり、そのことが原因となって、社会の人びとの「現代の貧困＝社会的排除から定義づけられる貧困」という理解に実感が伴っていない場合が多いということである。

ただし、困窮者支援の現場においては事情が異なる。生活困窮者支援の現場では、「貧困＝相対的貧困」という理解に終始するのは最早不可能である。その理由については次項で「社会的排除」という概念の説明を行いながら次第に明らかにしていくつもりである。

†「社会的排除」とは

既に説明したように、「社会的排除」は現代の「あってはならない生活状態（＝貧困）」を示す概念であり、一九八〇年代以降、ＥＵで一般化し、現在では世界的にも受容される概念となっている。

新たな概念が登場すると、大抵の場合は、それに対する批判的な見解や分析が提示されるが、「社会的排除」という概念についても例外ではない。「これは従来の貧困概念にとって代わるものではなく、何の新規性もないものである」という研究者も存在する。ただし、一部の研究者がそのような主張をしたとしても、政策や制度の理念として、この概念が採用されていたり、生活困窮者支援の現場で必要とされているのであれば、それを単純に否定するわけにはいかないだろう。むしろ、その概念のどのような要素が政策理念や現場の支援において重視されているのかをみなければならない。

例えば、年越し派遣村の村長であった湯浅誠《ゆあさまこと》は、あるインタビューで、その経験から、貧困と社会的排除は「ニアリーイコール」であると振り返っており（水島二〇一二）、二〇〇八年の著書『反貧困――「すべり台社会」からの脱出』（湯浅二〇〇八）では、アマルティア・センの「ケイパビリティ」という概念に相当する「溜《た》め」という概念を使って新たな貧困現象（社会的排除）の説明を試みている。

私自身は、ホームレス状態にある人たちや生活困窮状態にある人たちの相談を受け、一緒に活動する経験の中で、センの「潜在能力（「ケイパビリティ」のこと：括弧内は筆者による補足）」に相当する概念を〝溜め〟という言葉で語ってきた。

〝溜め〟とは、溜池の「溜め」である。大きな溜池を持っている地域は、多少雨が少なくても慌てることはない。その水は田畑を潤し、作物を育てることができる。逆に溜池が小さければ、少々日照りが続くだけで田畑が干上がり、深刻なダメージを受ける。このように〝溜め〟は、外界からの衝撃を吸収してくれるクッション（緩衝材）の役割を果たすとともに、そこからエネルギーを汲み出す諸力の源泉となる。（湯浅二〇〇八）

また、湯浅は同じ著書で「教育課程からの排除」「企業福祉からの排除」「家族福祉からの排除」「公的福祉からの排除」「自分自身からの排除」という「五重の排除」の過程で、「溜め」が失われていくこと、あるいは「溜め」の形成可能性の喪失について指摘している。湯浅がいう「溜め」の概念は、「ケイパビリティ」に近い意味をもっているということだが、本書では「ケイパビリティ」とは「自由」または「選択可能な選択肢の束（幅まは広がり）」であると説明している。これから詳細にみていく「社会的排除」とは、湯浅が論じた「溜め」の欠如であり、また「ケイパビリティ」の欠如状態であるとみることもできる。

以下は、欧州委員会において公式に発出された「社会的排除」の説明である。

社会的排除は、過程と結果としての状態の双方を指すダイナミックな概念である。（中略）社会的排除はまた、もっぱら所得の欠如を指すものとして理解されている貧困の概念よりも明確に、社会的な統合とアイデンティティの構成要素となる実践と権利から個人や集団が排除されていくメカニズム、あるいは社会的な交流への参加から個人や集団が排除されていくメカニズムの有する多元的な性格を浮き彫りにするものである。

（European Commission 1992）

社会的排除はまた、住宅、教育、健康、そしてサービスへのアクセスの権利の不適切性をも意味する。それは個人や集団、特に都市や地方で、場合によっては差別され、隔離されやすい人びとへ不利な影響を及ぼす。そしてそれは社会基盤（インフラ）の脆弱さと、二重構造社会をはじめから定着させてしまうようなリスクと強く関わっている。委員会は、社会的排除を宿命的なものとして受け入れることには断固反対する。そしてすべてのEU市民が人間の尊厳を尊重される権利を有していることを信じている。

(European Commission 1993)

「社会的排除」に関するこの二つの説明は、基本的に同じものとなっている。これらを踏まえ、まずはこの概念の基本的な特徴を説明していこう。右に引用した二つの文章からみてとれる「社会的排除」の特徴について、本書が注目しておきたい以下の四つは、従来の「貧困」の概念と「社会的排除」という概念を比較検討するうえで重要な手掛かりとなる。

① 「社会的排除」は、従来の「貧困」が意味する「所得の欠如」よりも広い意味をもっている。
② 「社会的排除」は、「社会参加の阻害」という意味も含んでいる。ただし、この場合の社会参加とは、「自己決定型社会参加」と呼ぶべきものである。
③ 「社会的排除」には、「市民として保障されるべき自由・権利が保障されていない」という意味も含まれる。
④ 「社会的排除」は、差別や社会的不利についても問題視する概念である。

†社会的排除概念の特徴

まず、①の「「社会的排除」は、従来の貧困が意味する所得の欠如よりも広い意味をもっている」という特徴について説明していこう。

これは、一九八〇年代以降、「貧困」という概念が拡大し、新たな要素が追加されたことを意味している。「貧困の意味」が拡大すれば、貧困と非貧困の境界線について再度言語化することが必要になる。そのなかで「社会的排除」という言葉が使用されるようになった。

では、従来の貧困概念にはなかったが、新たに追加された要素とは何か。それが上述の②「自己決定型社会参加」、③「自由・権利」、④「差別是正」である。②で示したように、「社会的排除」という概念には、「社会参加」という概念が含まれている。ただしここでいうところの「社会参加」は、従来のそれとは異なる。

前章で説明したように、相対的貧困概念における「社会参加」とは、「男性として外で働き、女性として家を守る」という男性中心主義的で、近代家族主義に基づく社会参加であり、そのなかには差別が含まれていた。従来の「社会参加」は、男性中心主義的な家族共同体や、そうした家族共同体によって形成される地域共同体によって期待される役割の遂行だったので、これを本書では、「役割遂行型社会参加」と呼ぶことにした。

それに対し、一九八〇年代以降の「社会参加」は、「自己決定型社会参加」と呼ぶべきものである。これは、女性として、あるいは男性として期待される役割を遂行するのではなく、「一人の市民として」、自分自身の生活と将来は自分で決定していくという社会参加のあり方であり、その内容は一義的に規定できるものではない。

ここで「自己決定」という言葉が登場したが、個人が自己決定できるためには、その個人の目の前に選択肢の束が実質的に選択可能なものとして準備されていなければならない。この「実質的に選択可能な選択肢の束」は、「ケイパビリティ」や「自由の広がり」ということもできる。この「選択肢の束」、あるいは「自由の広がり」が、いつでもどこでも準備されているということを社会的に約束したものが、市民に保障されるべき諸権利である。

ここでさらに、「権利」と「自由」という言葉が登場するが、両者の関係を簡潔に表現すると「権利＝自由の法的形態」といえる。つまり権利は、人びとが獲得した自由を社会のルール（法律）として約束させたものである。

これに関連して、市民に保障されるべき諸権利のことを、「シティズンシップの諸権利」という。社会学において「シティズンシップ」とは、市民社会という共同体における構成員資格・身分のことを意味する。また、「市民」とは、権利を持っている人間のことを意味している。

もちろん、いま現在、存在する先進資本主義諸国において、シティズンシップの権利の実質的保障が既に完全に達成されている国は一つもない。ただし、そのような事実によって、制度・政策に埋め込まれた理念や支援・援助の目標が否定されるわけではない。掲げた理念や目標に基づいてなされる要求や実践の積み重ねがあったからこそ、人権規範の発展や貧困概念の拡大が実現してきたのである。絶対的貧困や相対的貧困への対峙も、かつては途方もなく高い目標であったのである（絶対的貧困ですら世界から根絶することに成功していないのではあるが）。

「社会的排除」とは、改めて整理すると、シティズンシップの諸権利へのアクセスが何らかの理由で阻害されているということを示す概念である。また権利と自由は重複する概念であり、自由は「選択肢の束」または「ケイパビリティ」と表現できる。

そして、EUではこの「社会的排除」という概念から「あってはならない生活状態（＝貧困）」を定義づけている。それだけでなく、世界中の至るところで、「社会的排除」が「あってはならない生活状態」の最外枠として見定められてきている。

自由が制限されるのはどういう状況か？

「社会的排除」状態とは、市民に対して社会的に用意されるべき選択肢の束が用意されていないこと、つまり自由や権利が制限されている生活状態のことである。人びとが選択肢や自由・権利を制限された状態に陥る直接的な要因としては、主に以下の三つが考えられる。

①所得の欠如
②特性・属性に対する配慮・調節の欠如
③社会環境の未整備

①「所得の欠如」について、所得が多くなれば自由や選択肢が拡大し、そうでなければ制限されるというのは、経験的に誰もが理解できる。

②「特性・属性に対する配慮・調節の欠如」については、所得額が同じA氏とB氏の二人を思い描いてほしい。ただし、A氏は車いすユーザーで、B氏はそうではない。

A氏とB氏は所得が全く同じであるにもかかわらず、A氏の「移動の自由」は相対的に制限されてしまう。「所得の平等」が達成されていたとしても、ここでは「自由の不平等」が生じている。例えば、無人駅で移動する際、車いすユーザーのA氏に対する配慮がなければ移動が制限されてしまう。近年、日本では無人駅が増えているが、これでは車いすユーザーへの配慮・調節が欠如し、自由がますます制限される事態になってしまう。

③「社会環境の未整備」については、都市部に住むC氏と地方に住むD氏を比較してみよう。C氏とD氏は、ともに白人の女性であり、ほぼ同じ年齢で同じ所得、持病も障害もないとする。大きく異なるのは住む場所だけである。C氏とD氏は同じ所得なので、「所得の平等」は達成されている。しかしその一方で、ここでも「自由の不平等」が生じる。

C氏が住んでいる都市部は公共交通機関が発達しており、それを利用して移動した先には、文化施設、教育機関、医療施設などの生活に不可欠な施設が充実している。

一方で、D氏が住んでいる地方は公共交通機関が貧弱であり、何とかバスや電車に乗ることができたとしても、そもそも医療機関や教育施設、文化施設などもなく、必要な社会サービスへのアクセスができないかも知れない。事実としてこうした自由の制限は日本の地方のいたるところで生じている。

ここまで三つの要素を分けて説明してきたが、実際には、これら三つの要素のうち一つ以上のものが作用して選択肢の幅や自由の広がりを規定することになる。

「社会的排除」の定義には、差別是正の考え方が含まれている。具体的には「個人や集団、特に都市や地方で、場合によっては差別され、隔離されやすい人びとへ不利な影響を及ぼす」という一文がその定義に含まれている。

従来の貧困理論には、明確な差別是正の要素はなかった。絶対的貧困理論には優生思想という差別が積極的に埋め込まれていたし、相対的貧困理論は近代家族主義から解放されていなかった。

差別是正の要素が「社会的排除」への取り組みのなかに明記されたことは、画期的なことである。ただし、それがどのようなものであるのか（どのようなものであるべきか）を理解するためには、そもそも「差別」とは何であるのかという前提の理解が必要となる。これについては、貧困理論とも関係するため、詳細にみていく。

†差別とは何か？

「差別」とは、特定の属性をもつ人間集団に対して、政治的、経済的、社会的、文化的その他のあらゆる公的生活における不利をその対象に強制し、特にその対象となる人びとの選択肢を制限、あるいは剝奪することを正当化する機能をもった不合理な区別である（安里・志賀二〇二二）。

差別の結果、ある人間集団と他の人間集団のあいだに生じる優先・劣後関係（序列）は、権力の非対称性をもった社会的・政治的関係であるともいえる。

「差別」は特定の人間集団に「社会的不利」を与えるが、「社会的不利」とは具体的に、先ほど挙げた「所得の欠如」「特性や属性に対する配慮・調節の欠如」「社会環境の未整備」などの形をとって起こる。また、これらは、自由の制限、権利の不全を生じさせる。

†二つの差別

差別の実践には、「異化」と「同化」の二つがある。

「異化」とは、特定の属性・特性に基づいて人間集団間に優先・劣後関係（序列関係）を形成し、劣後された人間集団を排除すべき存在として「他者化」していくことである。この序列化は直接的・間接的暴力を背景にして強制される。

例えば、外国人や移民に対する差別（人種主義、排外主義）は、人種などの観念をもちだしたうえでの暴力を伴う「他者化」であり、「自分たちとあちらの集団は異なっており、あちらの集団は劣等である」という認識に基づく諸実践を正当化しようとする。

注意すべきは、差別是正の取り組みは、人間がそれぞれ独自の存在であり、異なること、それ自体を否定するわけではないということである。「異なることを認める」というのは、

「多様性の是認」と簡潔に表現することもできる。それは一人ひとりが異なっていること、あるいはすべての人間が同じ属性や特性をもって生きているわけではないという目の前にある事実を認めるということである。「人間の多様性」という事実と、「人間の自由の平等」という理念は矛盾しない。一方、「異化」が差別である理由は、異なっている集団を「他者化」するとともに優先・劣後関係を生むからである。

次に、「同化」について説明しよう。「同化」は、序列化され劣後された人間集団に対して、その特性・属性あるいは独自に築いてきた文化や価値・生活様式などを否定し、優先された集団に合わせることを強制する。

「異化」と「同化」は交互に実践されることが多い。「異化」によって序列化を決定的なものとし、「同化」によってその序列を盤石なものとし、被抑圧者に対する支配・統治を維持するのである。

この「同化」は「異なることへの権利」の否定でもある。「異なることへの権利」と「異なる者として尊重される権利」は同時に成立するが、ただしそれは「自由の平等」、すなわちすべての人びとに実質的権利が保障されている場合に限定される。特定の人びとの自由が制限されていたり、権利へのアクセスが阻害されている場合、その人間集団は劣後された存在として社会的排除を強制された状態にある。

†「社会的排除」概念の定義と補足

「社会的排除」は最新の貧困概念だが、どの程度までその意義が研究者の間で共有されているかについては議論が分かれる。この概念についてネガティブな評価をしている論者らの主張についても、本書はとりあげようと考えているが、その前に、日本の社会福祉士国家試験における、「社会的排除」に関する設問をみておこう。

国家試験では、ある概念に関する定説が示されるので、「社会的排除」という概念が一般的にどう理解されているかを知るのにちょうどよい例だからである。

以下は、平成二五年度・第二六回社会福祉士国家試験の【第22問】である。

・第22問
社会的排除と社会的包摂に関する次の記述のうち、正しいものを1つ選びなさい。

1　社会的排除は、社会関係や活動に参加できない状態を意味するもので、排除に至るプロセスを問うものではない。

2　貧困は、生活資源の欠乏から生ずる生活困難を意味するものであって、社会関係上における人々の不利といった社会的排除とは無関係である。

3　社会環境のあり方が、人々のケイパビリティを制約したり、社会的排除による社会参加の機会の剝奪《はくだつ》を生むことがある。
4　発達した福祉国家においては、人々は、生活保障のための諸制度から排除されることはない。
5　社会的包摂政策は、労働への参加など、社会参加の機会を促進するためのもので、所得の保障は含まない。

このなかで正答となるのは「3」である。また、「3」以外の選択肢の誤っている部分を修正したものが、「社会的排除」概念の正しい説明となる。

そこで、誤っている説明箇所を修正した文章は以下の通りになる。

1　社会的排除は、社会関係や活動に参加できない状態を意味するもので、排除に至るプロセスも問うものである。
2　貧困は、生活資源の欠乏から生ずる生活困難を意味するものであって、社会関係上における人々の不利といった社会的排除とも関係している。
3　社会環境のあり方が、人々のケイパビリティを制約したり、社会的排除による社会参加の機会の剝奪を生むことがある。

4　発達した福祉国家においても、人々は、生活保障のための諸制度から排除されることがある。

5　社会的包摂政策は、労働への参加など、社会参加の機会を促進するためのものだけでなく、所得の保障まで含んでいる。

ここで示されている「社会的排除」に関する基本的な理解からわかることは、以下のとおりである。

・排除に至るプロセスを問うものであるとともに、「社会参加」を重視するものであるということ。
・貧困と社会的排除は深く関係しているということ（現代社会における「あってはならない生活状態」に関する説明において、両者を概念的に区別することは困難である）。
・「社会環境」の未整備状態が排除を生み出すこともあるということ。
・福祉国家においても問題視されている生活状態であること。
・従来の貧困対策で実施されてきた「所得保障」まで含むものであるということ。

以上の五つは「社会的排除」概念の特徴である。

†「社会的排除」概念に対する否定的な評価

本書では、「社会的排除」の概念から定義づけられる「貧困」は、従来の「貧困」よりも広い意味をもっていると論じてきた。「貧困」は、現在に至るまでに「絶対的貧困↓相対的貧困↓社会的排除」という風にその意味内容を拡大してきた。一九八〇年代以降、「貧困」という概念が拡大することによって、差別是正、自由と権利の実質的保障の論理を貧困理論に位置づけることが可能となった点には、非常に重要な意義がある。

しかし、「社会的排除」という概念を新たな「貧困」概念とみることに対しては批判もある。その代表的な論者として、イギリスの貧困問題研究者であるルース・リスターを挙げておきたい。リスターの著書『貧困とはなにか――概念・言説・ポリティクス』は、日本語訳も刊行されており、初版、そして初版にいくつかの加筆・修正を施した新版がある。

初版の第4章は「貧困と社会的排除」と題されているが、新版ではこの章が削除されるとともに、「社会的排除」に関する記述は大幅に圧縮され他の章に統合されている。このような取り扱いとした理由について、リスターは次のように述べている。

初版を執筆したとき、社会的排除の概念は、政治的、学術的に注目を集めていました。いまでは、そうではありません。そしてまた、重要で本書に含めるべきだと私が感じる社会的排除に関する新しい研究成果も、ほとんどありません。したがって、私は社会的排除に関するいくつかの分析を他の章に、とくに貧困の定義に関する章に統合することにしました。社会的排除と貧困の関係に関するより詳細な説明は、本書の初版をご覧頂ければと思います。
(Lister 2021)

ここでリスターが論じているように、初版がイギリスで刊行されたのは二〇〇四年だが、その当時の社会背景としては、保守党からニューレイバーへと政権交代がなされ（一九九七年）、内閣に「社会的排除対策室」が設置された。リスターの新版邦訳には「新版 監訳者解説」（監訳者は、子どもの貧困問題に関する研究で著名な松本《まつもと》伊《い》智《ち》朗《ろう》）が付されているが、そのなかでは、「社会的排除」について、次のように指摘されている。

初版が出版された二〇〇四年は、こうした背景のもとで、政策的、学術的に「社会的排除」が大きな焦点になっていた時期である。この時期だからこそ、貧困と社会的排除

の関係について整理し、貧困の代替物としての扱いにくぎを刺す必要があったのだろう。(Lister 2021)

初版から新版への過程で「社会的排除」に関する記述が大幅にカットされた事情について、このような政治的背景もあったことは確かに首肯《しゅこう》できる部分はある。というのも、貧困の定義をめぐる議論は、政治的動向とも大いに関係しているからである。

さらにいえば、そもそもリスターは「社会的排除」という概念について「潜在的に啓発的な概念として、また様々な政策的含意をもった政治的言説」と理解すべきで「貧困」の代替物として扱うべきではない、と初版から一貫した主張を展開している。

ここでリスターが指摘している「社会的排除」という概念の使用における「政策的含意」とは、「貧困＝所得の欠如」という理解から出発する貧困対策（＝所得の再分配）から目をそらすという企図を想定していると思われる。リスターはあくまでも「所得の欠如こそが貧困である」と考えているのである。

†「社会的排除」批判への再批判

リスターは「貧困」を「自由の欠如」として理解しようとはしない。しかしその一方で、彼女は「権利」について非常に重要視している。実際に、人権やシティズンシップの視点から「貧困」という概念を考えていくことは、貧困に関する分析を強化することになると強調されている（Lister 2004, Lister 2021）。

「あってはならない生活状態」を権利へのアクセスが阻害された状態であると理解し、それへの対策として「権利の実質的保障」を主張するならば、「所得の平等」ではなく「自由の平等」を基礎とした理論形成を試みる必要がある。しかし、リスターの著書では、主張している「貧困」概念と、どのような次元の「平等」を最も重視するのかという理論的基礎の整合性が取れていない。リスターはこの理論形成を行うことなく、所得保障が抑制されるという政治的挙動への懸念から、「社会的排除」という概念に内在する新たな理論的可能性までも放棄しようとしている。

リスターの懸念は、理論的懸念というよりも政治の場における実践的な懸念であるが、実践的な懸念が彼女の理論的矛盾を解決するわけではないし、その理論的矛盾による新たな可能性の剝奪をなかったことにできるわけでもない。権利・人権が大切であることはある程度までこの社会全体で合意できているが、その重要性を貧困理論にどう位置付けるのかの説明が研究には求められている。理論に内在する矛盾を過小評価すべきではない。

「社会的排除」論に対する批判を支持する論者は、アマルティア・セン（Sen 1992, 2009）

の「ケイパビリティの欠如」という貧困理解に対しても批判的であることが多い。リスターも「ケイパビリティ」という概念から「貧困」を定義づけることを、やはり拒否する。彼女は、その著書（初版と新版の両方）の第1章で「所得か潜在能力（ケイパビリティ）か」という小見出しを付し、次のように述べている。「「潜在能力の剥奪」という考えは、貧困の概念化にとっては大きな価値のあるものだが、これは従来の、資源に基づく定義に取って代わるべきものではなく、それを補完するべきものなのである」（Lister 2004, Lister2021）。

リスターの政治の場における実践上の懸念もわからないわけではないが、それと理論的な議論は分けて理解するべきだろう。貧困理論が所得の次元だけに限定されるのではなく、そこから解放されることは非常に重要な地平の獲得であるとみるべきである。これまで本書でみてきたように、従来の「貧困理論」には、人びとを統治するという資本や権力者による企図を実現する論理構造が内在していたが、「社会的排除」の概念に基づく貧困理論はそうではない。単純化していうならば、「お金をあげるから黙っていてくださいね」という論理から解放される可能性があるということである。だからこそ、「社会的排除」の理論を骨抜きにしていこうとする特定の政治勢力の意図が理論的にというよりも政治上の実践として可視化されているところがある。

統治の論理を理論に埋め込めないならば、理論を骨抜きにしたり、そうするためのあからさまな政治的な行為が目立ってくる。「社会的排除」の理論に基いて貧困対策を実行していくと、既存の権力と統治を解体する可能性すらある。特にあらゆる物を商品化したいという動機をもつ者にとって、「貧困とはお金がないことである」という貧困理解につなぎとめておけるかどうかは彼らの死活問題に関わる。この点については、第5章においても詳しく論じたい。

ただし、理論として画期的なものが提示されていても、それが形骸化していることはよくある。形骸化の原因は、理論的欠陥にではなく、連帯の貧弱さにある。したがって、人びとが「社会的排除」に抗する連帯を形成できるかが今後の課題だ。ここで言及したリスターは、実践的な問題の原因を理論上の問題に置き換えてしまっていたが、今後の課題は、理論上の成果から実践的な課題をどのように打破していくのかということである。理論上の成果は、先行する反貧困の実践から得られたものであり、そのような意味で理論と実践は連関している。

相対的貧困理論が提示されて数十年経った現在でも、仮に人びとの連帯が弱ければ、貧困対策は絶対的貧困理論に基づいたものに終始してしまうかもしれないし、そもそも「この社会には貧困などない」という主張すら許容してしまうことになるかもしれない。実際、二〇〇〇年代初頭まで、「日本には深刻な貧困などない」というのが政府の公式見解であった。これを覆したのは、反貧困運動という人びとの連帯であったのである。

†ベーシック・サービスへと至る道

既に、「社会的排除」という概念それ自体の特徴については説明したが、ここではその特徴を踏まえつつ、理論的意義について補足的に説明する。

「社会的排除」の概念を基礎とする貧困理論の意義は、次のように簡潔に整理することができる。すなわち、「貧困」を「市民的生存の保障（自由と権利の実質的保障）」という側面から理解できるようになり、それによって所得の次元に限定されていた貧困理論の陥穽《かんせい》を超克できるようになったということ、である。

筆者は二〇二四年九月にこの原稿を執筆しているが、現在の日本では、物価が上がる一方で、可処分所得額はほとんど上がっていない。むしろ減額に転じている人びとも少なくない。

仮に、額面上の最低賃金や所得額が上がったとしても、その所得を使用して獲得できる生活上の「選択肢の幅（自由）」は限定される傾向にある。前章でも論じたように、こうした状況が続くなら、給付金政策などによる所得の追加的給付は、人びとの生活に短期的にはポジティブな効果を及ぼす可能性が高いが、長期的な視点からみるとそうはならず、むしろネガティブな効果を及ぼす可能性すらある。

例えば、ある大学生のアルバイト代の時給が上がり、月に五〇〇〇円の追加的な所得があったとしても、年間の学費が約一〇万円上昇したならば、その大学生の日常生活における選択肢や自由はますます制限されることになるだろう。

しかし、所得が変わらない場合であっても、医療、介護、教育、保育、公共交通、住宅、食糧などの人間生活にとって必要不可欠なものが無償化、あるいは限りなく低額化されたならば、人びとの日常生活における選択肢は拡大する。

このような、人間生活にとって必要なものを無償化、低額化するという制度・政策を「ベーシック・サービス」という。「所得の平等」を超えて「自由の平等」から導き出される制度・政策はまさにベーシック・サービスやこれに類するものである。

一方で、似た制度・政策として、すべての個人に無条件で一定額の現金を継続的に給付するベーシック・インカムがある。ベーシック・サービスが「自由の平等」の理念から導き出される制度・政策であるのに対し、ベーシック・インカムは「所得の平等」の理念から導き出される。つまり、ベーシック・インカムは、お金を給付することで、一時的な所得は増えるが、人間の多様性や社会環境の違いから生じる選択肢の不平等には反応しないのである。ベーシック・インカムに関する詳細な議論は、『ベーシックインカムを問いなおす――その現実と可能性』（佐々木・志賀編著二〇一九）を参照していただきたい。

今後、必要とされる貧困対策は、全ての個人に無条件で一定額の現金を継続的に給付するという「ベーシック・インカム」などでは決してない。ただし、「ベーシック・サービス＋ベーシック・インカム」という政策パッケージであれば、社会的排除は大幅に緩和されていくだろう。

このように、社会的排除理論の意義は、市民的生存の保障を具体化する制度・政策としてベーシック・サービスを要請できるというところにもある。これが完全な形で実現されれば、貨幣が獲得できないような状況になっても生活がある程度成立するだけでなく、生活のためにブラック企業にしがみつかなければならないような状況を緩和できるだろう。さらにいえば、前章で論じた「貨幣の権力性」の抑制や、資本家に対する労働者階級の交渉力を向上させる可能性にもポジティブな貢献ができるだろう。

ここまで、現代の「貧困」である「社会的排除」という概念と理論的に整合的な制度・政策とはどのようなものであるべきか、ということを述べてきたが、例えば、一九九〇年代から困窮者支援活動に尽力してきた稲葉剛《いなばつよし》は、その経験から次のように主張している。

私は、社会や政治が、ある特定の生き方を標準的だと決めてしまうのではなく、それぞれの個人が自分の生き方や家族のあり方、働き方など、人生のありようを自ら選べる社会こそが自由で豊かな社会であると考えます。その前提となるのは、「ベーシックニーズ」の低コスト化であり、可能な限りの無償化です。つまり、住宅費、食費、医療費、教育費、保育費など、人がどんなに慎ましやかに生活しようとも、最低限かかる出資を低コスト化していく、そこに社会資源を投入していくことが必要だと考えます。

（稲葉二〇一六）

ただし、上述したような生活のすべての場面で、必要になるものをはじめからベーシック・サービス化することは非常に困難である。だから、まずは特定の領域から始め、徐々にその領域を拡大していくということが現実的な道筋となるのではないか。

その場合、まずは中間所得階層の利益が促進され、低所得階層の人びとにはほとんどポジティブな影響を及ぼさず、むしろ階層間の所得格差を助長する可能性が高くなってしまうという指摘もある。

確かに、「最低限度の自由の平等」を重視するならば「所得の格差」が生じてくることは十分ありうる。しかし、所得格差が生じたからといって、「最低限度の自由の平等」という方向性を棄却するのではなく、「最低限度の自由の平等」の制度・政策とともに所得格差是正の措置を講じるという議論を展開するべきである。

また、「「あれもこれも」というのは無理な議論なのではないか」という批判も予想できるが、何かを実施するにあたり実践的な困難を予測することが、理論に内在する可能性を否定する理由にはならないということも重ねて強調しておきたい。人間が尊厳をもって生きていくための理論と実践に、妥協は必要ない。

全面的なベーシック・サービス化に至るまでには、確実に多くの困難が伴うだろう。それまで、この資本主義社会は、ますます多くの人びとに貧困を強制することも予想される。したがって、日本における人間の生活に必要な諸領域の無償化（ベーシック・サービス）の要求は、生活保護制度をさらに使いやすいものにしていくこと、生活保護基準を引き上げていくことなどの従来の制度の拡充とともに進めていく必要もある。

†ベーシック・サービス、社会的共通資本、コモン

なお、ここまで論じてきた「ベーシック・サービス」という政策パッケージは、目新しいアイデアというわけではない。例えば、著名な経済学者である宇沢弘文《うざわひろふみ》が提案した「社会的共通資本」（宇沢二〇〇〇）、マルクス研究者である斎藤幸平《さいとうこうへい》が提案した「コモン」（斎藤二〇二〇）などはベーシック・サービスと近い考え方であると思われる。

ただし、「ベーシック・サービス」「社会的共通資本」「コモン」の三つには大きな違いがある。ここでは以下の二点からそれらの違いについて説明をしておきたい。

① 誰がそれを管理するのか
② 資本主義批判と新自由主義批判のどちらの立場をとるのか

まず、「①誰が管理するのか」についてみていこう。

「社会的共通資本」とは、共同化された富について「職業的専門家によって、専門的知見にもとづき、職業的規律にしたがって管理・維持されるものである」（宇沢二〇〇〇）とされている。

一方、斎藤が論じている「コモン」は、市民の手による管理・運営を旨とし、「〈市民〉営化」と表現されている。斎藤によれば、「〈コモン〉のポイントは、人々が生産手段を自律的・水平的に共同管理するという点である」（斎藤二〇二〇）。ここでは、生活に必要なものの無償化・低額化のみならず、生産のための手段への自律的な関わりと共同管理というところまで言及されていることには注意しておきたい。

「コモン」が「自治」を強調する一方で、「社会的共通資本」における「自治」の不在はこれまでにもしばしば批判されてきた。提案した宇沢は「社会的共通資本は決して国家の統治機構の一部として官僚的に管理されたり、また利潤追求の対象として市場的な条件によって左右されてはならない」（宇沢二〇〇〇）と釘をさしているが、斎藤が論じるような、人びとによる共同管理・共同運営とは異なるものである。

それに対し「ベーシック・サービス」についてはどのように考えられているのだろうか。例えば、井手英策《いでえいさく》（二〇二四）は「自治」を強調している。ただし、地域における人びとの自治を資本主義国家のなかで実践することは、国家が公助をやめてしまう口実を与えることにもなりかねないため、「公的責任なき自治」に対してはあらかじめ警鐘を鳴らしている。

†資本主義批判か、新自由主義批判か

次に「②資本主義批判と新自由主義批判のどちらの立場をとるのか」についてみていこう。ここでいう「新自由主義」は、行き過ぎた資本主義という通俗的な意味で使用することにする。この②は、何を共同の富とし、共同化された富を誰が管理するのかという問題設定でもある。

というのも、資本主義批判と新自由主義批判を分かつのは、資本主義に独特な「生産関

係」を変えていこうとするのかそうでないかというところにある。資本主義は、資本による指揮・命令のもとで資本が「売れる」と判断するものを賃労働者たちが生産する。したがって、賃労働者たちは、生産に対し自律的に関わるのではない。賃労働者たちは、自らが必要とする様々な生活必需物があるにもかかわらず、それを生産できない。

賃労働者は、ただただ賃労働の担い手として、あるいは労働力という商品の運び手として、資本家と生産手段に関わるということしかできない。また、彼ら・彼女らは労働過程のみならずその結果としての生産物の分配についても自律的に関わることができない。生産物は生産者（賃労働者）に分配することを目的に生産されたのではなく、消費者（貨幣の所有者）に「売ること」を目的に生産されているからである。

こうした資本主義社会を規定する生産をめぐる社会関係（生産関係）を相対化し、生産への自律的な関わりを可能とする社会関係の構築を目指すのか、それとも従来の「生産関係」には手を付けず、富の分配・再分配だけに国家が介入していくのか、ということが本項での話題の中心である。人びとが生産に自律的に関わるためには、生産のために必要な資源や道具などが資本家のもとにではなく、人びとの共同的な管理のもとに運用される必要がある。

つまり、生産関係を新たに構築し、それを持続させていくために共同化することを目的とした富の取り扱いと、分配関係に介入した結果として共同化することを目的とした富の取り扱いは異なる。

宇沢の「社会的共通資本」は、新自由主義批判の立場から提示されている。その根拠として次の一文が挙げられる。「社会的共通資本はいいかえれば、分権的市場経済制度が円滑に機能し、実質的所得分配が安定的となるような制度的諸条件であるといってもよい」（宇沢二〇〇〇）。ここでは、市場経済制度や所得の再分配が前提としてあり、それと並んで「社会的共通資本」が運営されるということが想定されている。つまり、資本のもとでの賃労働という生産をめぐる関わりそれ自体の変更は視野に入っていない。資本主義的な「生産関係」には手を付けないのである。

一方、斎藤の「コモン」は資本主義的な「生産関係」を批判的にとらえ、これを相対化し、変革しようとする立場から提示されている。斎藤が論じているような、人びとによる生産手段の自律的・水平的な共同管理という提案は、生産手段への人びとの関わり方の再構築を意味している。

生産手段の自律的・水平的な共同管理が実現すれば、賃労働者であった人びとは資本の指揮・監督のもとで生産する他律的な存在ではなくなる。自律的な生産が可能になるということは、「売れるもの」の生産ではなく、「必要なもの」の生産を自らの頭で考え実行できるようになるということである。人びとが自律的に「必要なもの」を考える過程には、分配することがあらかじめ織り込まれることになる。資本家は「売りたい」と考えるから、売れそうな物を売れそうなだけ生産させようとするが、共同的な人びとは「必要だから」生産するのであって、その「必要性」はその共同体の成員の具体的な生活が根拠となっている。

ここで述べた「社会的共通資本」と「コモン」の立場の違いをみるとき、「ベーシック・サービス」はどちらかといえば資本主義批判よりも新自由主義批判の立場を採用しているようにみえる。というのも、現在のベーシック・サービス論は、「生産関係」を新たに構築するための理論として打ち立てられているわけではないからである。

また、ベーシック・サービス論は、あくまでも、「生産関係」の結果としての富の再分配の不十分性をどのようにすれば是正できるのかという問題設定から出発している。その目的は、社会の生産物である医療・福祉・教育等々の資源をみんなで分かち合おうというものであり、これは「分配関係」へのアプローチである。

ただし、「ベーシック・サービス」であっても「社会的共通資本」であっても、その使い方次第で、新たな社会を構想するアプローチや新たな「生産関係」の構築のためのアプローチに接続可能な理論的・実践的余地はある。

新たな「生産関係」の構築のためには、それを拒否するであろう資本に対する交渉力が必要となるが、ベーシック・サービスや社会的共通資本はその可能性をもっている。少なくとも、所得の再分配の議論に終始しているうちは、この可能性を見いだすことができなかった。このような意味で、従来の貧困理論は「貧困」の根本原因である「生産関係」にアプローチするための理論的余地は基本的になかったが、「社会的排除」の概念を基礎とする貧困理論には新たな可能性が見出される。

もちろん、「資本主義社会こそが唯一の社会であり、この社会を相対化して新しい社会を構想する必要などない」と考える人もいるだろう。そのような考えを持つことそれ自体を筆者は否定しない。

ただし、もしも貧困の根絶まで視野に入れるのであれば、貧困を生み出す根本原因である資本主義に独特な「生産関係」にもアプローチする必要がある。本書では資本主義の独特な「生産関係」へのアプローチが貧困の根絶につながる理由について、いまだ十分に説明できていないので、これについては本書第5章でさらに論じたい。

第４章
「子どもの貧困」に潜む罠
――「投資」と「選別」を批判する

大阪府高槻市の「子ども食堂」で、手作りした料理を食べる子どもたち
（撮影:反橋希美、ⓒ毎日新聞社／アフロ）

†貧困観の貧困

日本人の貧困観は、イギリスやフランスの人びとと比較して貧困である。

読者の方は変な一文だと思われたかもしれない。「貧困観が貧困」とはどういうことだろうか。

それは、「貧困とはあってはならない生活状態である」という意味を非常に低い水準でしか理解できていないということである。それゆえに、非常に低い水準の「あってはならない生活状態」にのみ対応すればそれでよい、となってしまう。「貧困観の貧困」は、貧困者バッシングや生活保護バッシング、貧困の自己責任論などにつながる傾向性をもっている。貧困者バッシングや生活保護バッシングは、「働かざる者、食うべからず」という倫理・道徳や、「食べることができているからよいではないか」というような「貧困＝絶対的貧困」という限定的な理解から生まれる。

これは、イギリスやフランスと比較しても、日本の人びとの連帯が相対的に脆弱であるという問題と関係しているとみられる。

また、日本では、貧困の水準のみならず、「あってはならない＝放置しておくことができない」生活状態を強制されている人びとの範囲についても問題がある（これは日本に限らないのだが)。「貧困であると判断される範囲」とは、どこまでの人びとの生活状態を配慮するのかということと関係している。これは連帯の「広がり」に関わる問題である。連帯の「広がり」は差別によって阻害されるが、差別を強力に利用する「生産関係」によっても阻害される。

連帯が強力であれば、貧困対策や貧困をめぐる議論は豊かになり、「あってはならない生活状態」の水準も高くなる。また、連帯が広がれば、より多くの人びとの貧困問題を取り扱うことができる。

逆に、連帯が脆弱であれば、貧困対策や貧困をめぐる議論も貧しくなり、「あってはならない生活状態」の水準は低くなる。また、連帯の広がりが限定されていれば、一部の人びとだけが救済の対象となってしまう。連帯の弱さは、仮に制度・政策の考え方や理念が画期的なものであったとしても、社会正義と矛盾するような運用を許してしまう原因にもなる。

以上を踏まえて、本章では、「子どもの貧困問題」という近年流行りの社会問題について検討していく。なお、先にも述べたように、日本の貧困問題をめぐる認識は依然として貧困であるが、それは連帯が相対的に脆弱であり、連帯の広がりが限定されているからである。

本章で論じていく「子どもの貧困」の分析から、そのことが次第に明らかになってくるだろうし、さらにいえば、「子どもの貧困」に対するアプローチ次第で、人びとの連帯が強力になり将来ポジティブな方向に向かうのか、あるいはその逆なのかが左右されるということも明らかにしていくつもりである。

†「子どもの貧困」と自己責任論

近年、「子どもの貧困」が耳目《じもく》を集めている。日本では、「大人の貧困」よりも「子どもの貧困」は相対的に注目度が高い。

「子どもの貧困」が「大人の貧困」よりも注目されるのはなぜか。

まず何よりも、「子どもの貧困」は自己責任の問題を回避できるという理由が考えられる。例えば、社会活動家で年越し派遣村の元・村長である湯浅誠とNPO法人フローレンス会長の駒崎弘樹《こまざきひろき》との対談では、子どもの貧困という問題設定が自己責任論と切り離されている、あるいは乗り越えることができているとしている（https://florence.or.jp/news/2017/12/post21934/、閲覧日：二〇二二年一一月八日）。湯浅は自らの著書でも「子どもの貧困は、大人の貧困に比べて、広い理解を得やすい」（湯浅二〇一七）と述べている。この場合、当事者としての子どもは貧困の責任を問われることがなく、そのため自己責任を回避できているという意味である。

なるほど、と思うかもしれないが、このような発想こそが、日本の貧困観の貧困という現状を表現している。確かに、貧困問題をより多くの人に考えてもらう「きっかけ」として、「子どもの貧困」を入口にするという「戦略」もないわけではない。しかし、それは戦略におぼれているといわざるを得ない。

そもそも、「子どもの貧困」という問題設定によって貧困と自己責任論を切り離したところで、「大人の貧困」の自己責任論とはまったく対峙していない。それどころか、子どもの「非・自己責任」性が強調されることで、ネガティブな影響が生じてくる可能性すらある。

ここでいう、子どもの「非・自己責任」の本質とは、子どもの貧困は子どもに原因があるわけではなく、その環境に問題があるというものである。そして、この「環境」のなかに親をはじめとした大人がいる。

ここで問題なのは、第一に、大人の生活における自己責任が間接的に強調されていること、そして第二に、子どもの生活環境は親がすべて用意するべきものであるという価値規範を内在する「家族主義」から出発しているということである。

一つ目の「大人の自己責任」の間接的な強調とはどういうことか。これは、救済する側のお眼鏡にかなうような大人でなければ、貧困の救済の対象から排除されてしまうことだ。「救済に値する人間／救済に値しない人間」を選別するような論理が「子どもの貧困」という問題設定に内在している。救済に値するか否かは、貧困の当事者が働く意欲があって、従順で、できる努力はすべてやり尽くしたにもかかわらず貧困であるかどうか、というところから判断されている。

一方で、子どもはそもそも働くことができないので、このような判断をする必要がない。大人の貧困に正面から対峙しない態度には、こうした判断を積極的に肯定しないまでも、消極的に追認することで、その判断の社会的影響力を強力にする機能が含まれている。つまり、「子どもの貧困」という戦略に安易に乗っかってしまうと、連帯の広がりを阻害してしまうという逆説的な展開が待っているということでもある。

†子どもの貧困と家族主義

二つ目は、より正確にいえば、「家族主義」に内在する価値規範が現代の貧困理論と矛盾してしまい、その理論的不整合性が反貧困の実践や困窮者支援の現場、政策形成の現場において少なからずネガティブな影響を及ぼしてしまうということである。

ここでいう「家族主義」とは、簡潔にいえば、個人の市民としての権利を基礎とするシティズンシップにではなく、家族共同体のメンバーシップに重きを置き、それを基礎にした価値規範を重視するという考え方、あるいはその考え方に基づいた態度のことである。この「家族主義」にも女性差別が織り込まれ、規範化されている。差別は人間集団のあいだで優先・劣後関係を形成し、劣後された集団の権利の機能を限定し、権利よりも家族としての道徳・倫理・規範を強調する傾向がある。

例えば、子ども食堂や子どもの居場所づくりなどの地域発の取り組みそれ自体は、この「家族主義」を相対化する一つの契機になっているが、その一方で、大人の貧困が自己責任であるということが強調されると、それに伴って子どもの貧困に対する親の責任（自己責任）も強調されることになってしまう。

つまり、片方で「脱・家族主義」を実践しながら、もう片方で「家族主義」を助長している。「家族主義」に自覚的でない実践は、それが内在している制度・政策にも回収されてしまう。こうした矛盾も視野に入れつつ、今後の展望を見通すための「きっかけ」として、二つのアプローチを紹介し、比較検討していきたい。

それは、「投資アプローチ」と「権利アプローチ」と呼ばれるものである。これらの二つのアプローチの違いについては、表3に簡潔に示してある。これをみながらこの後の説明を読んでいただきたい。

	投資アプローチ	権利アプローチ
政策	選別主義的	普遍主義的
目的	経済的リターン (子どもは手段)	子どもの人格、well-being
期待される人間モデル	強い個人	なし（多様性の是認）
社会に対する影響	排除型社会（分断）	包摂型社会（連帯）

表3　投資アプローチと権利アプローチ（出典：志賀2018を一部改変）

「子どもの貧困」という問題設定は、子どもたちが貧困から脱し、貧困の連鎖を断ち切ることを目標として掲げている。しかし、その目標のためのアプローチは紹介した二つが混在しており、両者の概念的区別がなされず、非常にあいまいなままである。二つのアプローチを概念的にきちんと区別することによって、反貧困の実践や困窮者支援の現場での実践、政策要求の各々の場面で支持すべきものと拒否すべきものの区別の基準がより明確になるだろう。

†投資に値する人間、値しない人間

ここでは、先に挙げた二つのアプローチの中で、特に「投資アプローチ」について説明していく。

「投資アプローチ」とは、子どもの貧困対策を将来に向けた「投資」と位置付ける考え方である。「投資」は、一般的にその投資に対するリターンを目的としている。お金を投資するのであるから、この場合のリターンも基本的にお金である。

そして投資対象として子どもが選別される。

なぜ大人ではなく、子どもが投資の対象となるのか。それは、将来、その子どもがお金を生み出す確率が大人よりも相対的に高いからである。実際に、ノーベル経済学賞を受賞したジェームズ・ヘックマンによる教育投資に対するリターンとしての収益計算なども注目されてきた（図1）。

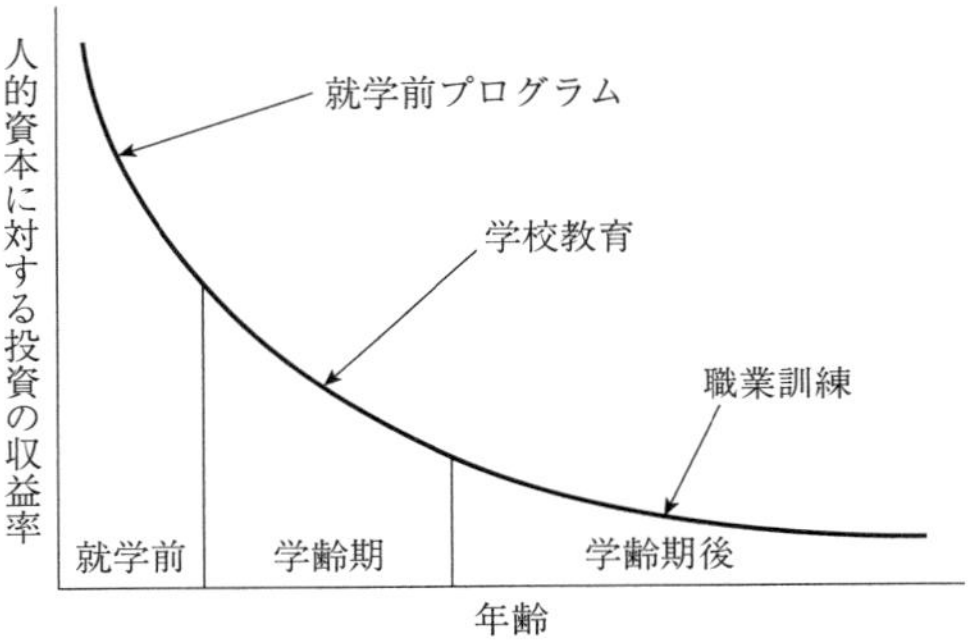

図1　人的資本に対する投資の収益率の概念図
（出典：Heckman 2006）

二〇一五年に提示された日本財団による「子どもの貧困社会的損失統計レポート」にもヘックマンの計算が持ち出され、子どもの貧困対策は「経済的・投資的な観点からも、子どもの貧困の解消は大きな社会的意義を有していると言える」と論じられている。

「なるほど、それは重要だ」と納得する読者もいるかもしれないが、一度立ち止まって、ここで何が起きるのかということを考えてほしい。というのも、この論理を受容してしまったときから、「選別」が生まれてしまうからである。

それは「投資に値する人間／投資に値しない人間」という選別への道を開く。ヘックマンの図をみれば一目瞭然であるが、子どもは収益率が高いため、「投資に値する人間」であると判断されるだろう。しかし、年齢を重ねたらどうだろうか。高齢者は投資に値しない。つまり、貧困対策そのものが人を選別していくのである。

制度・政策は一度実施されたら、そのあとは効果を測定し、問題のある箇所に改善が施される。投資的な制度・政策の場合、さらに収益率を高くするための改善が要求されることになるだろう。

そうなると、今度は、「子ども／高齢者」という選別だけではなく、「よりお金を稼いでくれそうな子ども／そうでない子ども」という選別が生じることになる。よりお金を稼いでくれそうな子どもとは、知能が高かったり、勉強ができたり、運動能力が高かったりといった判断や期待が寄せられる子どもである。あるいは、「意欲がある」と判断される子どもかもしれない。

では、何をもって「意欲がある」と判断されるのか。それを誰が判断するのか。資本主義社会においては、基本的に、資本の要請に適《かな》うかどうかがその判断基準となっている。つまり、学校に行き、学習に積極的である場合には「意欲がある」と判断される。それは、学校に行き、規律訓練を受けることで、良質な労働力商品の保持者として養成されることが期待できるからという側面がある。これは資本主義に規定された意欲論である。

一方、規律訓練を拒否した子どもは一部の例外を除いて「意欲がない」と判断される。「意欲」の資本主義的現実についての議論を回避し、資本主義的な意欲論に便乗したとしても、「意欲格差」（和田二〇〇八）、「希望格差」（山田二〇〇七）などで論じられているように、この社会では生まれ育った環境によって、その個人がもつ意欲や希望のあり方が左右されてしまうという現象についても考慮が必要である。

ここでは、高等教育への進学という具体的な事例から検討してみよう。

現在では、貧困家庭の子どもでも進学できるチャンスはかつてよりも充実したといわれている。それは貸与型奨学金制度や給付型奨学金制度が充実したことと関係している。しかし、この奨学金制度は、大学の成績次第で打ち切られることもある。「勉強を頑張らないからだよ」と思う人もいるかもしれない。投資アプローチに依拠するならば、それも正当化される部分はあるだろう。ただし、お金持ちの子どもには成績を気にせず学業やサークルに打ち込んだり怠けたりする自由があり、そうでない子どもにはその自由が制限されているということにも注意を払っておくべきである。投資アプローチは、この「自由の不平等」を説明することも正当化することもできない。

そもそも、貧困家庭の学生は頑張らないから成績が落ちてしまうというわけでは必ずしもない。多くの場合、深夜までのアルバイトをこなし、友人関係にも気を遣い、大学で出された課題をなんとかやろうとしており、疲弊している。その結果、朝起きることができなかったり、授業中に居眠りをしてしまうことがあるのだ。不利な状況のなかで日々過ごしている者を鞭打つような言動は想像力に欠けるばかりか、下品ですらある。

(この段落の文章は本書の理論からみて不必要ではあるが、敢えて残した。学生が「頑張っている」ことを強調する必要性は理論的にはない。頑張っていなくても高等教育までアクセスできるというのが権利の考え方である。逆に、頑張っているから奨学金や学費免除があるというのは権利の考え方とは異なる。この段落を残したのは、そこまで窮迫した状況にある学生が徐々に増加しているという問題状況についても知ってほしいという個人的な気持ちがあるからである。)

†投資アプローチと競争の激化

「投資アプローチ」は、より洗練されていくなかで、次第に特定の「あるべき人間モデル」を作りあげていく。具体的には、「努力を惜しまない勤勉家」で、「合理的な選択ができる人間」である。

先ほども述べたように、「投資」の目的は経済的リターンである。この目的が制度・政策に埋め込まれ、実践に移され、さらにその実践がPCDAサイクルを経て洗練されていく。この過程で、経済的リターンをより多く期待できる人間モデルがより強力に期待されるようになっていく。資本は、そうしたモデルに近い人物ほど高く評価するだろう。まさに「ホモ・エコノミクス（経済人）」がここで要請されるのであり、そうなることが子どもたちに期待されるようになる。

「投資アプローチ」に基づいて、貧困対策に込められた人間モデルになるべく子どもたちが頑張ると、結果として子どもを含むすべての人びとの競争が激化する。誰もが勤勉で合理的な判断を期待され、その道から外れることを恐れ、競争に乗らざるを得なくなる。

しかし、競争では誰もが勝者になれるわけではない。敗者も生まれる。その敗者はどうなるのだろうか。敗者に対しては、社会復帰や支援の名のもとに再び競争に投げ込もうとする力が働く。具体的には、学習支援（子ども）、就労支援（大人）などの支援を通して、いっそう自立に追い立てられ、競争もますます熾烈なものになっていく。

この「自立に追い立てられる」という表現は、自立支援について批判的に検討した先行研究『自立へ追い立てられる社会』（広瀬・桜井編二〇二〇）から借りたものである。この著書には、「自立」が統治の手段となっている側面があることについて言及されている。また、「依存」については、これまでネガティブな評価がなされてきたが、実は「共生」の根拠となるものであることなどが具体的実践・事例と理論の両面から説明されている。
子どもたちの競争の激化について、日本は国連から何度も注意勧告を受けている。二〇二〇年に日本弁護士連合会・子どもの権利委員会が作成したパンフレット「国連から見た日本の子どもの権利状況」では、次のように記述されている。

競争的な学校環境の問題については、上述の、社会の競争的性質により発達を害されることなく子ども時代を過ごせるよう求めたところを前提に、過度に競争的なシステムを含むストレスの多い学校環境から子どもを解放するための措置の強化を求めました。どのように競争的かについては、第1回審査では"highly"(大いに)、第2回は"excessively"(非常に)、第3回はこれらに加えて"extremely"(極めて)と表現が強められていましたが、今回も"overly"(過度に)に競争的な学校システムが限度を超えて学校環境をストレスフルなものにしているとの認識が示されています。

もちろん、こうした子どもたちのストレスフルで競争的な環境というのは、子どもの貧困対策における「投資アプローチ」によって初めて形成されたわけではない。日本において、子どもの貧困対策が具体的に検討され始めたのは、二〇〇〇年代終盤〜二〇一〇年代以降であるが、それ以前から、国連による日本への注意勧告は発出されてきた。つまり、日本の子どもたちは、もともと過度に競争的な環境に置かれてきたということである。

こうした経緯を踏まえて改めて強調したいのは、従来から熾烈な競争を強制する環境があったにもかかわらず、子どもの貧困対策を一つの契機として、さらにその競争を過熱させていこうとする状況についてである。

競争し、強い産業人材になることに血道をあげざるを得ないような社会構造は、人間以外のもの、具体的には資本が主となっており、そこに人間が従属させられ振り回されているような疎外体系の極限である。

筆者は学習支援を含む子どもの貧困対策や取り組みのすべてを否定すべきだと主張したいのではない。教育や食、居場所の保障は、「投資」のために行うのではなく、子どもたちの「権利」のために行う方が、貧困対策としては理論的な筋が通っているし、逆に「投資」のために行う場合、貧困（社会的排除）をより深刻化させる原因になってしまうということに警鐘を鳴らしたいのである。

†子どもの「権利」を考える

子ども食堂も学習支援の取り組みも、保障されるべき子どもの権利が保障されていないからこそ増加の一途をたどっている。もしも、子どもの権利が実質的に保障されていたならば、民間の自主的な取り組みである子ども食堂が、全国で数千カ所以上もつくられることはなかっただろう。

子ども食堂の爆発的増加は、保障されるべき権利が保障されていなかったことの証左とみるべきである。すべての子どもが食と安心できる居場所にアクセスできるような社会ならば、基本的に子ども食堂は不要なはずである。すべての子どもに合った教育に、いつでもどこでもアクセスできるような社会ならば、（民間の）学習支援の取り組みさえも不要なはずである。

では、そうした子どもの権利を保障するべきなのは誰なのか。それは現時点では国である。権利保障は公が果たすべきものであり、私人の間で行うものではない。私人の間でできることは、権利が侵害されている状況やその恐れがある場合、およびその権利が形式的にしか保障されていない場合などに、権利を擁護することである。

†権利アプローチにおける「人間モデル」と「参加」

では、「権利アプローチ」とは何か？　それは「投資アプローチ」を批判的に考えるなかで次第に浮き彫りになってきた考え方である。

「投資アプローチ」は、投資に対するリターンが目的であり、子どもがその手段であった。一方、「権利アプローチ」は、権利の擁護と保障を通して、子どもの「well-being（幸福）」を達成することが目的となる。

当然だが、子どもの幸福のあり方も多様なので、より正確にいえば、子どもが自身の幸福を追求できるようにするための「実質的に選択可能な選択肢の束」「実質的自由の広がり」「ケイパビリティ」を実現することが目的になる。別の言い方をすれば、子どもの「人格」こそが目的であり、子どもは何かのための手段ではない。

また、「投資アプローチ」は、先述のように、投資に値する者とそうでない者を選別するような制度・政策につながっていくが、「権利アプローチ」は「選別」ではなく、「普遍」を軸とする制度・政策につながっていく。つまり、すべての子どもがいつでもどこでも権利にアクセスできるようになるための具体的な取り組みである。

例えば、ある子どもの家族が経済的に困窮していても、食糧や教育へのアクセスが可能となっているような状況がそれである。それはベーシック・サービスを充実させたアプローチであるともいえるだろう。またそれは、家族主義の軛《くびき》から子どもが解放されたいと望むならば、それを可能とするような具体的な条件の整備をすることでもある。

「選別」を否定した普遍的なアプローチは、特定の人間像をモデルとしない（できない）。

少なくとも、「経済人」（または経済人を具体化したような特定の偉人。例えば二宮金次郎など）に近づくことが善であるというような価値規範を相対化してくれる。

特定のモデルから距離を置けるようになると、人間はそもそも多様なものであったのだという事実を、社会は思い出すことができるかもしれない。また、そのことは、子どもを含めたすべての人びとが自分らしい生き方を追求できるようになるきっかけとなるかもしれない。「権利アプローチ」は、社会的な排除を後退させ、自己決定型社会参加の可能性を高めるものでもある。

第5章

「貧困」は自分のせいなのか?
——「階級」から問い直す

フォード自動車工場(©Mary Evans Picture Library/アフロ)

†「既にある貧困への対策」と「貧困そのものの根絶」

ここまで、「貧困」という社会現象をどのように理解するか、そして、これまでどのような対応が考えられてきたのか、また、「社会的排除」という概念の登場以降、それまでにはなかった新たな取り組みの可能性が見出されるようになったことについて説明してきた。現代社会における貧困問題への方策としては、ベーシック・サービスと所得保障、差別是正の取り組みの組み合わせが理論的に要請されるものであると論じた。

ただし、ここまで論じてきた貧困対策は、そのアイデアまで含めて、あくまで既に生じてしまった貧困問題に対するものであり、どうすれば将来的に貧困の根絶ができるのか、というより根源的な課題に対する策ではない。貧困の根絶に向けたアプローチは、生じてしまった貧困へのアプローチの延長線上には必ずしもない。したがって、両者を区別した議論が必要である。いずれのアプローチも不可欠なものであり、一方が他方に優先するわけではないことは、あらかじめ強調しておきたい。

以上を踏まえて、本章では、貧困の根絶に向けたアプローチも射程に入れて議論を進めていきたい。キーワードは、「分配関係論的貧困理論」と「生産関係論的貧困理論」である。前者はいま現在の貧困問題へのアプローチに相当する理論であり、後者は貧困根絶に向けたアプローチに相当する理論である。

「階層」から貧困を考える

前章までに説明してきた貧困理論のうち、絶対的貧困理論と相対的貧困理論は「分配関係論的貧困理論」に分類される。これは、所得などの分配を通した社会関係として現れた「階層」に着目し、諸階層のうち特に低階層の人びとにアプローチしようとするものである。

もう少しシンプルな言い方をすると、所得階層に着目し、特に低所得階層の人びとを貧困状態にあると見定め、彼ら・彼女らに対して何らかのアプローチをしようというのが、この「分配関係論的貧困理論」の特徴である。主に「階層」に着目する貧困理論であることから、「階層論的貧困理論」と呼んでもいいかもしれない。

これは、第1章で紹介したブースの貧困の捉え方に典型的に表現されている。彼は、基本的に「所得」に着目し、最も所得が低い人びとのグループをAとし、次に所得が低い人びとのグループをBとした。同様に、CDEFGHと順にグループ化して並べていった。

このように、人びとを何らかの数値の多寡（統計学的手法）に基づいて順に並べていくと、「階層」ができあがる。ブースの場合は、所得に着目しているので「所得階層」をA～H

で表現しているということになる。

ブースは、この諸階層A〜Hのなかで、特にA〜Dを「貧困層（所得貧困）」、さらにB層を「極貧層」としている。「貧困＝あってはならない生活状態」なので、A〜Dの階層の所得では「あるべき生活」を維持することができないのではないかとブースは考えた。

したがって、「あってはならない生活状態（＝貧困状態）」を「あるべき生活状態（非・貧困）」にまで引き上げる何らかの方策が必要になる。簡潔にいえば、貧困であると判断される人びとを階層移動させなければならない。

このように、階層に着目する貧困理論は、貧困を強制されている人びとに対し、何らかの取り組みを行うことで階層移動を促し、「脱・貧困」を達成させることを目標とする。この階層移動のための取り組みとは、具体的には、所得の再分配や就労支援である。

この階層に対するアプローチは、分配をめぐる社会関係（分配関係）に介入するものであるといえる。

†「階級」から貧困を考える

一方、「生産関係論的貧困理論」はその名の通り「生産」をめぐる社会関係に着目する。これは、「階級論的貧困理論」と呼ぶこともできる。

「階級」という言葉の定義は論者によって異なるが、本書では資本主義社会における生産関係（資本主義的生産関係）によって形成された「階級」に着目していく。ここで、資本主義社会におけると強調した理由は、資本と賃労働が取り結ぶ生産手段をめぐる関係を強調したかったからである。

このとき、生産手段をめぐる社会関係を取り結ぶのは人間の人格ではない。資本という物象が賃労働という物象と人間を媒介にして社会関係を取り結ぶに過ぎない。物象とは、人間を媒介にして立ち現れる物、または、人間に代わって社会的な関係を取り結ぶ力を持つに至った物のことであり、人間たちが主人公であるはずの社会関係が、単なる物象の運び手として立ち現れる現象を「物象化」という。

資本主義における物象化した生産関係においては、資本の人格的担い手であろうが、賃労働の人格的担い手であろうが、人間の人格は生産の場において主人公たり得なくなる。現実には、資本の人格的担い手である資本家（生身の人間）によって生産をめぐる命令が発動されるが、その内容は資本家の個別的人格とは基本的に関係がない。その個人の性格がどのようなものであろうと、「資本の自己増殖」という本質的な目的によって突き動かされた発令がなされる。

賃労働の人格的担い手である賃労働者（生身の人間）も、生産の場において、どのような人格であるのかは基本的に度外視されている。賃労働者は、資本から見れば賃労働のための手段（賃労働という商品の運び手）に過ぎないのである。賃労働者は、せいぜい「資本」の増殖に有利な性格であれば重宝され、そうでなければ粛々と資本に従属することが求められる。

ここで重要なのは、人びとの人格が相互に社会関係を取り結ぶのではなく、物象が人間を媒介にして社会関係を取り結んだかたちで生産活動が行われているということであり、これこそが資本主義に独特な「生産関係」だという理解である。

本書では、資本主義という生産をめぐる社会関係、つまり「生産関係」から「階級」を定義する。しばしばマルクス主義の先行研究でいわれるような、「生産手段の所有の有無」から階級を定義するのではない。

「生産手段の有無」から階級を定義する場合、階級間の対立や闘争の最終目標は生産手段の奪取ということになるが、これだと国家独占資本主義を批判できない。つまり、ソ連や中国などの国家体制も「あり」だという判断になってしまう。それは本書で論じてきた自治ではなく、「国」という巨大な一人の資本家がいる社会であり、物象化した生産関係も克服できていない。

これでは、人びとが自律的に生産手段に関わり、「売れるもの」から「必要なもの」の生産に転換できない。つまり、分配があらかじめ想定された生産ではない、「売れるもの」として生産される生産物は、生産の構想の段階から「商品」になることが前提とされている。「商品」生産が全面化した社会では、所得のない者はその「商品」がいかに生命に関わるような必需品であってもアクセスできない。貧困の根絶などできないということである。

そうではなくて、生産手段への自律的な関わりを実現できるような、共同的な生産関係の構築が重要である。本書で論じようとしている資本主義社会における階級は、生産手段にとってどのような関わり方をしているのかという視点から定義づけている。

この場合の階級間の葛藤や闘争の最終目標は、物象化した「生産関係」を新たな形態に変えていくことであるとともに、物象化した「生産関係」を再生産するような労働のあり方を変えていくことである。ここでいう労働のあり方の変革とは、資本の独りよがりな私的事情に基づいた「売れるもの」の生産に従属させられている労働を、社会のみんなの「必要なもの」の生産ための自律的な労働に変えていくということである。

「階級」から貧困を理解する、というと途端に拒否反応を示す人がいる。しかし「階級」や「階級を成立させている生産関係」は事実として、いま、この資本主義社会を駆動する基本的な原理となっているので、これを無視して貧困を考えることはできない。では、その「階級」とは何だろうか？　まずは、それについてもう少しみていこう。

†当たり前過ぎて意識されない「階級」

資本主義社会における「階級」とは、生産をめぐる人びとの社会関係（資本・賃労働関係）である。これは資本主義に独特な生産関係である。

現代社会の多くの人びとは、この資本主義的な生産関係のなかで生まれ育っているので、それが当たり前のものとなっている。あまりにも当たり前なので、人びとは日常生活のなかで「あぁ、わたしは独特な生産をめぐる社会関係を取り結んで生活しているのだな」と逐一意識することはない。

また、日本に住む人びとの圧倒的大部分は学校（中学校、高校、専門学校、大学など）を卒業した後、就職することになるが、それは賃労働の担い手として、市場に自らの労働力をもっていき、それを購入してもらうことで生活のための賃金を得ようと試みる行為（就活）を経ることになる。就活の際に、人びとは「資本・賃労働関係に入っていこう」「労働者階級に晴れて仲間入りしよう」などの明確な認識をもつわけでもない。

現在の日本を含む先進資本主義諸国において、資本主義的生産関係は人びとが就職する前に一種の社会システムとして既に構築されており、人びとはその社会システムを前提とした教育を受けて育ち、当たり前のようにしてそのなかに飛び込んでいく。

資本主義社会に生きる人びとにとって、「資本・賃労働関係」とこの社会関係に基づく社会のあり方はあまりにも「当たり前」のものとなっており、この「当たり前」感ともいうべき認識状況は、モノが重力に従って上から下に落ちるという自然現象（自然法則）と同じように意識されない。

ここで強調したいのは、この当たり前になっている「資本主義的生産関係」にこそ、貧困を生み出す根本原因が内在しているということである。

結論からいえば、貧困の根本原因とは、所得の再分配の不十分性にあるのではなく、資本主義社会を成立させている生産関係そのものにある。また貧困は、この生産関係成立の過程である「本源的蓄積」と資本主義的生産関係を再生産するような労働のあり方によって、生産者が「本源的無所有」（後述）の状態を強制させられ続けていることとも関連している。

以上を踏まえて考えれば、貧困の根絶のためには、資本主義における生産をめぐる社会関係へのアプローチが必要不可欠であるということになるだろう。

次項以降、この貧困を根本原因から捉え直す「生産関係論的貧困理論」のためのいくつかの前提について説明していく。先述した「本源的蓄積」と「本源的無所有」についてもこのなかで説明する。さらに本章では、貧困に関する理解を深めるために「貧乏」と「貧困」の違いについても説明していくつもりである。

†所有することのできない状態とは何か?

「あなたもいつ貧困状態になるかわからない」「貧困は他人事ではない」。これらは、貧困を社会問題として取り扱い、何とかこれを解決しようと試みる心ある人びとが繰り返し使ってきた警鐘や注意喚起に関わる言葉である。何度も使い回され、ともすれば聞き飽きたという人もいるかもしれないが、これらの主張は確かに核心をついている。

なぜ「あなたもいつ貧困状態になるかわからない」といえるのか。なぜ「貧困は他人事ではない」といえるのか。これを改めて考えると、「本源的無所有」状態の強制との関連にいきつく。

「本源的無所有」とは、人びとが生産手段に自律的な関わりができず、本源的な生存条件から引きはがされている状況のことである。この意味を理解するためには、人びとが自らの生活必需物(生活手段)の生産に関わる手段を剝奪されてきた歴史過程、および生産手段の剝奪状態を再生産するような労働のあり方が一般化しているという状況をみる必要がある。「本源的無所有」は、資本主義社会に生きる人びとの生活状態を表現する概念である。

なるほど、周りを見渡してみれば、確かに、資本主義社会に生きる人びとは、今日を生きて明日も生きていくために必要な衣食住などの生活手段を生産する手段から分離されている。

つまり、基本的に生産手段は資本家階級によって排他的に所有され、資本に転化されている。それらの占有された生産手段に対し、賃労働者は自律的に関わっているわけではない。このような状況下における生産は、資本の指揮・命令のもとで行われるが、その生産の目的は自分たちの衣食住を満たすことではない。

その第一の目的は、利潤であり、資本の拡大再生産（資本の自己増殖）である。実際に生産のために労働するのは賃労働者であるが、賃労働者は何を生産するのか、どのように生産するのか、どのように生産物を取り扱うのかを決めることはできない。それらは基本的に資本家が決める。付言しておくと、労働賃金は、生産物に対する自律的な取り扱いの結果生じるのではなく、労働力という商品の価値に対する支払いでしかない。

資本の指揮・命令に従属し、生産の過程と結果の両方に自律的に関わることのできない賃労働者は、自分自身の生活のために、今日も明日もその次の日も同様の労働を継続しなければ、生活必需品（商品化された生活必需物）にアクセスできない状況を強制されている。

生産手段に自律的に関わることのできないような労働のあり方を継続するということは、資本による生産手段の排他的所有を追認し再生産するということである。

人びと（特に賃労働者）は、賃金を受け取るだけで、生産手段の排他的所有に対しては今後も手をつけるということはなく、そのような意味で「本源的に無所有」であり続けるのである。

また、労働力という商品も他の一般的な商品と同じように、常に売れるわけではないので、失業者は必ず一定数は生じる。売れ残りの商品はしばしば「半額」「二〇％引き」などで販売されることがあるが、労働力商品も同様に低賃金労働や半失業などの状態を余儀なくされる。

†生産は資本のためか、社会のためか

生産が資本の自己増殖のためのものになるとき、その生産のための労働は共同体や社会のために行われるのではない。既に述べたように、労働の共同性や社会性が喪失していくということは、何を生産するのか、どのくらいの量を生産するのか、を決定する議論をみんなで行わなくなるということに他ならない。さらにいえば、社会の必要のために生産するのではなく、商品として売るために生産することがそもそもの前提とされている。

「何を生産するのか」については、資本の自己増殖にとって最も都合が良いと判断されるものとなるだろう。つまり、社会のみんなのための生産よりも、「売れるもの」という資本の事情に基づく生産が優先される。

「どのくらい生産するのか」についても、資本の都合に委ねられている。資本は他の資本と競争しているので、どのくらいの量を生産するのが利潤を最大化できるのかを第一の判断材料とするだろう。

それは社会の人びとが必要とする量ではない。生産の局面において、社会的な必要量と売れそうな量が必ず一致するわけではなく、むしろ一致しない場合の方が一般的である。

このように、資本の都合に基づく生産のために働くことが一般化したのが資本主義社会であり、資本主義社会における一般的な労働は「私的労働」と呼ばれる。「私的」というのは、つまり、その労働は資本の側の事情に依拠しており、共同性や社会性を喪失しているという意味である。

もしも逆に、生産が資本の事情に基づくものでないのなら、つまり社会性や共同性をもった生産が一般的である場合、何をどのくらい生産するのかを生産者たち相互の民主的な話し合いのなかで決めることになるだろう。したがって、生産手段への関わり、生産過程への関わり、生産物の取り扱いに生産者たちの自律性が必然的に伴うことになるのである。

注意しておくべきなのは、生産手段への自律的な関わりが可能となった社会における、何をどのくらい生産するのかという自律的な決定過程には、すでに誰にどのくらいの生産物を分配するのかという生産物に対する取り扱いについても自律的な議論が織り込まれているということである。「何がどのくらい売れそうなのか」という資本の関心は、「何がどのくらい必要とされているのか」という生産者の社会的な関心に置き換わることになる。

こうしてみると、生産関係が分配関係を規定しているということも理解できる。だからこそ、貧困の根絶のためには生産関係へのアプローチが必要不可欠なのである。この生産関係にアプローチする貧困理論を「生産関係論的貧困理論」と本書は定義する。

†資本主義の起源にある暴力

さらに踏み込んでいこう。

人間の労働力が「商品」として市場で売買されるようになるためには、生産者が生産手段から分離されているということが一つの条件となる。人びとが生産のための土地、労働用具や原材料などの手段を所有していたならば、自分たちに必要な物を自ら決定し、生産することができてしまうため、労働力を商品として市場で取り引きする必要はなくなる。

資本主義誕生の歴史を紐解いていくと、生産者から生産手段が分離されていく過程には暴力が伴っていた。マルクスは『資本論』第一巻で、資本主義誕生の歴史過程について「現実の歴史では、よく知られているように、征服や圧政や強盗殺人が、要するに暴力が大きな役割を演じている」（Marx 2008：邦訳は、資本論翻訳委員会訳〔一九八三〕と佐々木〔二〇一八〕を参考にした）と述べている。この暴力を伴う生産者からの生産手段の分離過程は「本源的蓄積」と呼ばれる。これについて、マルクスは次のように表現している。

資本関係は、労働者と労働実現条件の所有との分離を前提する。資本主義的生産がひとたび自分の足で立つようになれば、それはこの分離をただ維持するだけではなく、ますます大きくなる規模でそれを再生産する。だから、資本関係を創造する過程は、労働者を自分の労働条件の所有から分離する過程、すなわち、一方では社会の生活手段と生産手段を資本に転化させ他方では直接生産者を賃労働者に転化させる過程以外のなにものでもありえないのである。つまり、いわゆる本源的蓄積は、生産者と生産手段との歴史的分離過程にほかならないのである。それが「本源的なもの」として現れるのは、それが資本の前史をなしており、また資本に対応する生産様式の前史をなしているからである。

（Marx 2008）

なお、マルクスが『資本論』で論じている「本源的蓄積」とは、彼の勝手な空想を書き留めたわけではなく、実際の歴史現象を客観的に記述したものである。マルクスと聞くと反射的に特定の偏ったイメージをもって拒否する人も多いが、『資本論』が資本主義を客観的に鋭く分析した作品であることを強調するために、敢えてこのような言い方をした。

†「貧困は他人事ではない」の本当の意味

「本源的蓄積」の一方で、労働者階級による「本源的所有」が不可能な状態（本源的無所有）となってしまう理由について、マルクス研究者の佐々木隆治は次のように説明している。

本源的蓄積は、このような共同体の成員としての農民たちの権利を根こそぎ剥奪《はくだつ》します。彼らを暴力的に土地から追い出すだけではなく、法律の力も借りながら、近代的私的所有権という物象の力にもとづく排他的な所有権を確立し、これによって農民たちを完全に土地所有から排除するのです。前近代の奴隷や農奴は、法律的に所有者でなくとも、土地や生産手段の事実上の所有者であることは可能でした。しかし、近代的所有においては物象の力によってのみ所有が認められるので、所有は排他的性格を帯び、生産手段はそれを買った資本家が排他的に所有するものとなります。こうして、生産手段の実際の使用者である賃労働者が事実上の所有者であることは不可能になるのです。

（佐々木二〇一八）

「本源的蓄積」の一方で「本源的無所有」状態となった人びとは、潜在的に貧困であることから逃れることができなくなってしまった。これが「あなたもいつ貧困状態になるかわからない」「貧困は他人事ではない」という表現の核心部分である。

ここで注目しておきたいのは、資本主義社会への移行に伴い、生産手段を奪われた人びとは自分たちに必要な物を自分たちで決めるという自律性とともに、ある種の生活における共同性も同時に奪われたのだということである。

資本主義的生産関係が形成され、より盤石化していく過程では、共同的な労働と共同的な分配の仕組みおよび生活が破壊されるとともに、労働の社会的意義が失われていく。代わって、私的な労働と貨幣を通じた分配の仕組みが全面化するとともに、物象化された関係が一般化する。その結果、人びとは孤立させられ、バラバラな個人として「アトム化」し相互の人格的な交流の契機を失う。このような状況下では、市場における交換に参加できなくなった人びとは文字通り排除され孤立してしまうのである。

†幸せを願うほど貧困になる社会

ここまで述べてきたように、資本主義社会に生きる人びとの圧倒的多数は、「本源的蓄積」および「物象化」と並行して生じる「本源的無所有」状態を強制されている。本源的無所有の端緒は暴力であり、ひとたび生産手段をめぐる物象化された社会関係が成立してしまうと、その後は直接的暴力の介在なしに、人びとが生活を繰り返すなかで無意識に資本主義的生産関係を再生産し続けることになる。

資本主義的生産関係において、生活に必要な物は市場で売買される商品として生産され、それらには貨幣額という値札が貼られるが、各々の商品はその分量の貨幣を譲渡しなければアクセスできないものとなっていった。人びとは自らの「労働力」を市場で買ってもらわなければ貨幣を入手できないので、賃労働への強制がより強固なものとなる。

資本の人格的担い手は「別に労働を強制しているわけではなく、これはあくまで（貨幣と労働力の）等価交換、しかも平等な立場の人間が契約を交わして実施されるものである」と主張するが、それは市場における形式的な自由と平等に過ぎないのであって、社会の人びとが追求したいと考える幸福のための実質的な自由や平等ではない。

私的労働・賃労働が繰り返されるなかで、商品化される領域が拡大するとともに「貨幣の権力性」が増長し、それによって、従来商品ではなかったものが次々に商品にされていくということも起きる。

その過程で、人びとは再び貨幣と賃労働への依存度を高めていくことになる。つまり、より多くの人びとがより一生懸命に働けば働くほど、貨幣の権力性は増し、人びとの「本源的無所有」状態の軛《くびき》はますます強力になり、再び賃労働と貨幣への依存度を増していくという結果を招く。その結果がさらに原因となって再び同じ結果を招く。貨幣と賃労働への依存についてはより深刻になり、生活はますます不安定になっていく。

物象化された生産関係（資本主義的生産関係）のもとでは、幸福を願う人びとが幸福を求めて一生懸命に働くほどに総不幸社会・総貧困化社会（または総不安定化社会）ともいうべきものへと確実に進んでいくという非常に皮肉な傾向性を有しているのである。

†「貧乏」と「貧困」はどう違うのか?

ここで、さらに生産関係論的貧困理論についての理解を深めるために、「貧乏」と「貧困」の違いについて説明していくことにしたい。本項は補足的な説明ということで読んでいただければ幸いである。

資本主義的生産関係が成立するなかで生じた物質的欠乏が「貧困」であるとするならば、

資本主義以外の社会における生産関係のなかで生じた物質的欠乏は、「貧困」とは質的に異なるものであるといえる。本書では、ここに「貧困」と「貧乏」の概念的区別を見出す。「貧乏」と「貧困」は、ともに物質的欠乏状態を意味するものである。両者のあいだで異なるのは、どのような生産関係のもとで生じる物質的欠乏なのかという点である。「貧乏」は物象化されざる生産関係に基づく社会における物質的欠乏であり、「貧困」は物象化された生産関係に基づく社会における物質的欠乏である。単純化すると、非・資本主義社会における物質的欠乏が「貧乏」であり、資本主義社会における物質的欠乏が「貧困」であるともいえる。

共同的労働が一般的な社会（物象化されざる生産関係に基づく社会＝非・資本主義社会）における生産には、その構想段階から分配が織り込まれているので、物質的欠乏の直接的原因は自然災害、疫病などの自然環境の変化、そして人格的な争いによる共同体からの排除・孤立という政治的・社会的実践の二つである。

一方、私的労働が一般的な社会（物象化された生産関係に基づく社会＝資本主義社会）における生産には、分配することがあらかじめ織り込まれているわけではないため、自然災害や疫病などがなくても物質的欠乏が生じる。

さらに、誰に物質的欠乏が生じるのかということについても、両者のあいだに違いがある。「貧乏」は自然災害や疫病が生じた共同体の概ね成員全体に必然的に生じるが、「貧困」は社会の個人に偶然的に生じる。ただし、貧困は歴史的に差別されてきた集団に集中する強い傾向があることは忘れてはならない。

なお、旧ソビエト連邦や中国などの共産主義や社会主義を自称している国家を挙げて本書の理論に対する批判を展開しようとする議論もあることが予想される。共産主義や社会主義を自称する国家と、本書が想定しているような共同的労働に基づく社会の違いについては、例えば、斎藤幸平(二〇二三)が非常にわかりやすく整理している。

斎藤によれば、例えばソ連では多くの国営企業が存在していたものの、各々の企業の目的は剰余価値を最大化することであり、資本の自己増殖であった。このことは、ソ連において資本主義の本質的特徴が存在していたことを端的に示している。その一方で、労働者たちは自分たちで生産手段を管理すること(自律的な関わり)は許されていなかった。

†「昔はみんな貧乏だった」は何を意味しているのか?

ここでは、資本に対して人びとが従属する程度と生活の規格化、自律性の喪失についての理解を深めるために、「昔はみんな貧乏だった」というしばしば聞かれる言葉についての分析も行っておこう。

「昔はみんな貧乏だった」という言葉が使用される文脈というのは、概ね二つある。

一つ目は、「昔はみんな貧乏だったが楽しく生活できていたのだ」という懐かしみの感情を伴って使用されるという文脈。二つ目は、「昔はみんな貧乏だったがそれでも頑張ってここまできたのであって、最近の貧困者は気合と根性と努力が不足している」という主張を伴って使用されるという文脈である。

これらに共通している「かつては現在よりも相対的に共同性が残存していた」という発話者の感覚からは、かつては共同性が残存していたという事実があったことが推測できる。

しかし、この推測に対しては、次のような反論が予想される。「昔は……」という場合、発話者のいう「昔」というのは資本主義成立以前のことを指しているのではなく、ほんの数十年前のことを指しており、前段で説明した「貧乏」と「貧困」の違いに関する説明は使えず、むしろ矛盾するところがあるのではないか。

この批判に対して、「資本のもとへの労働の包摂」という概念を使用して説明していきたい。それには、「形態的包摂」と「実質的包摂」の二つの形態がある。

「資本のもとへの労働の形態的包摂」とは、資本主義的生産関係における労働が、資本の価値の力に支配され、包摂されてしまうような事態のことである。

「資本のもとへの労働の実質的包摂」については、以前にも引用した佐々木隆治の説明が非常にわかりやすいので、ここでも、そのまま引用することにしたい。

生産手段を貨幣の力によって所有するだけでは、資本による賃労働者の支配はまだ確固たるものではない。なぜなら、じっさいの生産過程において生産手段を扱うのは賃労働者であり、賃労働者が生産にかんする知や技術をもっているうちは生産過程を資本の思うようにコントロールし、支配することはできないからだ。それゆえ、資本は賃労働者から生産にかんする知や技術を奪い取ることによって、はじめて資本による賃労働の支配を現実たらしめることができるのである。このように、資本がたんに形態的にだけではなく、実質的に労働を包摂することを資本のもとへの労働の実質的包摂という。

（佐々木二〇一二）

歴史的にはまず「形態的包摂」があり、そのうえで「実質的包摂」が生じる。

これを踏まえるならば、第一次産業が中心であった頃の日本社会は、「実質的包摂」の程度が相対的に低かったとみることができる。生産のための技術や知が極端に剝奪されていたわけではなかったからである。これは第一次産業が中心の社会が常に実質的包摂の程度が相対的に進展していない社会であるということをいっているのではない。効率的な生産を追求することで生じる生産過程における作業分化と管理が、現在に近づくにつれて徹底され、特にテイラー主義やフォード主義によって劇的に進展し、生産のための技術や知を労働者階級から剝奪していったのである。

テイラー主義とは、アメリカの労務管理技術者フレデリック・テイラーが提唱した科学的労務管理とも呼ばれる方法で、この科学的労務管理の基礎となっているのが「構想と実行の分離」(ブレイヴァマン一九七八)と指摘されるものである。具体的には、何をどのようにつくるのかという、生産のための「構想」を担う人びとと、実際にその生産を現場で「実行」する人びとの役割を分業していく。

「構想と実行の分離」によって、特に「実行」に従事する人びとの労働が単純作業化し、生産に関わる技術や知も剝奪される。人びとの技術と知は、マニュアルと単純作業にとってかわられる。

また、フォード主義とはアメリカの自動車メーカー「フォード」によって導入された大量生産システムを可能とする原理である。フォードの大量生産システムは、労働者の労働を細分化・単純作業化し、ベルトコンベアを利用した生産物組み立てのラインを導入することで成立している。ここでも、労働者の労働が単純作業化することで、生産に関わる技術や知は喪失させられていく。

第一次産業であっても同様の生産様式と労務管理が資本によって適用されれば、資本のもとへの労働の実質的包摂は達成される。

強調したいのは、「実質的包摂」が劇的に進展していない段階においては、確かに共同性は解体されつつあるが、生産のための知や技術が剝奪されていない領域が相対的に大きく、それらの知や技術を媒介にして人びとが人格的に結びつき、共同性が一部維持可能だったのではないかということである。だからこそ、「昔はみんな貧乏だった」としても、孤立・孤独を防ぐことができていたのであり（現在より少しマシな程度かもしれないが）、相対的にポジティブな姿勢を維持することができる余地があった。

一方で、「実質的包摂」が劇的に進展した段階、つまり資本主義的生産関係がより徹底された段階では、人びとはますますバラバラの個人（「アトム化」した個人）とならざるを得ず、物質的欠乏と孤立がセットのものとして個人に生じることになる。「みんな貧乏だった」という言葉はよく聞くが、「みんなが貧困である」という意識が生まれにくいのは、こうした背景があるからである。

†下への競争

貧困は、資本主義的生産関係を「原因」とし、そこから生じた生活資源の欠如および自由の制限という「結果」である。

資本は資本蓄積のために最も合理的な方法を採用しようとする。このとき、すべての求職者を雇用するということが資本にとって常に合理的な方法であるとは限らない。むしろ、資本蓄積にとって不要な労働者(失業者)と現役の雇用従事者との競争を過熱させ、「下への競争」を助長する方が人件費などのコストカットを実現できる。

マルクスは、資本が吸収できない労働者階級の人びとのことを「相対的過剰人口」と呼んでおり、資本はこの「相対的過剰人口」を徹底的に利用することに余念がないと指摘している。この「相対的過剰人口」は単純に失業者だけを意味するのではなく、一時的な雇用や低賃金労働などの半失業状態の者も含む。端的に、それは「資本の中位の増殖欲求」にとって相対的に過剰である人口のことを指している。

「相対的過剰人口」部分の人びとは、直近の生活のために劣悪な労働にでも手を伸ばさなければならない状況を余儀なくされる。あるいは、劣悪な労働であってもそこから脱出できない圧力に晒されている。ここでいうところの「劣悪な労働」のなかには、ブラック企業のような労働者を酷使し使い捨てるような企業による労働もあるし、非常に大きな危険を伴う労働もある。

彼ら・彼女らは相互に雇用をめぐる競争を強制されるが、それによって生活状態は一向に改善しない。資本は「あなたの代わりはいくらでもいます」といえるからである。こうして「下への競争」という引力が働く。

†就労支援と再分配

本章では、「生産関係論的貧困理論」の説明に頁数を割いてきたが、ここで敢えて「分配関係論的貧困理論」の特徴を本章の視点から改めて整理することで、「生産関係論的貧困理論」の意義について強調したい。

「分配関係論的貧困理論」の特徴で特に着目しておきたいのは、以下の二つである。

第一に、「分配関係論的貧困理論」は、基本的に「所得」を通して物質的欠乏を捉えること。現代社会において、一般的に認知されている「貧困」とは「お金がないこと」であるが、これは、いわゆる統計学的に導き出される低所得階層の生活状態を意味している。所得の多寡によって人びと（あるいは世帯）を順に並べ、一定額の所得よりも低い所得階層の人びとの生活状態を「放置しておくことのできない生活状態」であると判断するのである。このように「階層」から「貧困」をみようとする場合、学歴や健康などに着目することもあるが、多くの場合、所得との関連から議論される。

第二に、「分配関係論的貧困理論」は、階層移動を促すための技術の議論に偏重してしまう傾向があること。低所得階層からそうでない階層への階層移動のために使用される技術は主に二つある。

一つは「就労支援」であり、もう一つは「所得の再分配」である。就労支援は、その名の通り、支援に関わる技術であり、所得の再分配は、政策に関わる技術である。

近年の先進国では、就労支援と所得給付（福祉）がセットになって議論される傾向がある。就労支援の方に力を入れている場合、これは「ワークフェア」または「ワークファースト」と呼ばれる。就労支援と所得給付のバランスが図られる場合、それは「アクティベーション」と呼ばれる。

いずれにしても、そこでは労働力の再商品化（労働市場への統合・包摂）が目指されている。この「労働力の再商品化」は、ときとしてその当事者の「自由」が制限されたままなされることがある。競争的で排除的な社会が排除した人びとを、支援・援助によって再びその社会に送り込むのである。これは自己決定に基づく社会参加ではなく、資本による人びとに対する統治の強化および半強制的な統合である場合も少なくない。ただし、アクティベーションにはポジティブな要素もあるため、全否定はできない。

†「貧困の原因は本人にある」という自己責任論

現在の日本の貧困研究の圧倒的大多数は、「分配関係論的貧困理論」に依拠する。

先に述べたが、「分配関係論的貧困理論」は貧困解決の具体的方法を階層移動の技術に求める。そのため、就労支援と所得保障が貧困対策の基本軸となっている。確かに、今日明日の生活が差し迫った人びとに対して必要不可欠なのは、所得保障を中心とするアプローチである。就労支援については、あくまでも任意に活用できる支援として、人びとが活用したいと思うならば活用できるように社会的に「準備」されておくべきものである。したがって、この両者を全面的に否定することはありえない。

以上を踏まえたうえで、階層移動の議論（分配関係論的貧困理論）に終始することによる三つの弊害について説明しておきたい。

① 自己責任論を助長する可能性を大いに含んでいる。
② 貧困を生み出す社会構造から人びとの目を逸らす機能を内在している。
③ 貧困を強制された人びとを監視の対象とする論理を含んでいる。

①は、階層移動のための就労支援などを行ったにもかかわらず貧困であり続けるのは、その本人に何らかの原因があるのではないかという自己責任論に向かう論理的帰結が予想されるということである。

実際に、「仕事は選ばなければいくらでもある」「仕事を選んでいるから貧困から抜け出せないのだ」という主張は誰もが耳にしたことがあるだろう。これらの主張は「貧困の原因の一端は本人にもあるのだ」という内容を暗に含むものとなっている。「制度（例えば生活保護制度）があるのだから、それでも生活できないというのはその当事者に何らかの問題があるに違いない」「一定の生活保障があるなかで無駄遣いをしているから生活が成り立たないのだ」などの主張もよくあるパターンの一つである。

②は、換言すれば、資本主義的生産関係を「原因」とし、その「結果」として現れる階層に集中するために、「結果」を生じさせるそもそもの「原因」を看過または軽視するということである。本書でも説明したブースの貧困理論がその典型的な例であり、資本主義的生産関係を「原因」として生じる「結果」としての階層に集中している。確かに、ブースは、資本・賃労働関係という生産をめぐる社会関係そのものの安定的維持と産業秩序の維持を企図しており、貧困の根絶を本質的な目標としているわけではなかった。

③は、低階層の人びとを監視・管理・統制する具体的な動機が、階層論的貧困理論の論

理的帰結として、低階層以外の階層の人びとに与えられてしまうということである。ここでいう動機とは、低階層の人びとを階層移動させることで、低階層ではない人びとは、自身が支払わねばならないコストを軽減できると思わせられていることから生じる。

コストとは一種の「骨折り」であるが、資本主義社会は人びとの諸関係が物象化し、アトム化してもいるので、他者のための「骨折り」は忌避される傾向が非常に強くなってしまう。「税金で養われているのに」といって誰かを批判することも、他者を監視・管理・統制しようとする論理的帰結のあらわれである。

†社会的排除と貧困理論

最新の貧困理論である社会的排除理論は、貧困を「所得」の次元からだけでなく、「自由」の次元から理解する。この理解によって、「分配関係論的貧困理論」の軛《くびき》から解放される可能性が生じてきた。

所得の次元に終始する貧困理論には資本主義的生産関係の変革にアプローチするための理路が一切含まれていない。この貧困理論は、どこまでいっても、物象化した生産関係の「結果」にアプローチするだけである。

一方、自由の次元から展開される貧困理論は、「生産関係論的貧困理論」への理路が開かれている。ただし、先行研究において、この理路について明確に説明したものはない。

いま現在の最新の貧困理論の到達点は、資本主義社会を規定する物象化された生産関係およびそのもとで行われる私的労働には手を付けない状況での「自己決定」を重視するものである。これは、労働生活以外の生活局面での「自己決定」が重視されるようになってきているということである。

つまり、一方で労働力の再商品化の圧力がありながらも、もう一方で労働力の脱商品化を達成すべきであるという要請があり、後者が徐々に進展している。労働力の脱商品化が進展すると、資本に対する交渉力が向上する。この資本に対する交渉力をもって、労働生活における「自己決定」を実現できる余地が見出せるようになるのである。

終　章

貧困のない社会はあり得るか？

米「反ウォール街デモ」ワシントンDCの最高裁判所前で抗議（©AP／アフロ）

†「あってはならない状態」という意識の広がり

貧困とは、「あってはならない生活状態」である。

この「あってはならない」という判断は、社会によってなされる。社会とは、人間や犬や猫のようにそれ自体で物質的に実在するものではなく、人間と人間が取り結ぶ諸関係である。つまり、「あってはならない」という判断は、人間と人間が取り結ぶ諸関係のなかで紡ぎだされるものである。

したがって、それは孤立した諸個人の各々の判断を単純に総合したものではない。極端にいえば、人びとが相互に完全に没交渉であったならば、そもそも「あってはならない」という社会としての価値判断はなされないし、各個人のなかにも、そうした判断が生まれることはないだろう。

「あってはならない」という判断は、誰かが他の誰かと何らかの関係を結んだとき、その誰かとのなかに芽生える「不正義」の観念である。人間が集まり社会を形成すると、その社会のなかでルールがつくられる。ルールのなかにも、「かくあるべし」という正義のルールと、「これはすべきではない」という不正義のルールがある。各々は矛盾する概念ではなく、同時に成立可能である。

不正義の観念が形成されるのは、そうした不正義を放置しておくことがその社会に悪影響を及ぼしたり、社会の持続可能性が脅かされたりする可能性があるからである。したがって、正義／不正義の観念を生む人間の関係は、正しいと直感されるような「動機」に常に基づくわけではない。例えば、本書でも紹介してきたように、ブースによる貧困研究の動機は「産業秩序の維持」であり、それはすべての人びとにとって常に正しいと直感されるわけではない。

しかし、直感的な正しさをめぐる判断がどのようなものであれ、生活をめぐる不正義の観念（絶対的貧困概念）は人口に膾炙《かいしゃ》し、社会規範として制度に影響を与えていったのである。

では、何が「あってはならない生活状態」という認識を生んだのだろうか。それは、労働者階級による社会に対する集団的な異議申し立てであった。この異議申し立ては、様々な形をとったが、総じて、資本の自己増殖という過程を攪乱《かくらん》するものとなるので、資本家階級は階級としての反応を示さざるを得なくなる。

†社会運動と「貧困」概念の拡大

第1章で論じたように、資本家階級による最初の階級的反応として、「産業秩序の維持」を目的とした貧困調査を行い、それに基づいて貧困対策を提示し、それを部分的に実行した。

また、第2章で説明したように、第二次世界大戦中も、イギリスでは労働者階級が資本の自己増殖過程を攪乱するような労働運動を展開していた。これに対する階級的反応として、「ベヴァリッジ報告書」が提示されたのであった。この報告書に基づいて、戦後イギリスの社会保障体系は充実していき、徐々に最低生活保障の水準は絶対的貧困水準を超えるものとなっていった。この従来よりも高くなった生活保障水準に対して理論的基礎を与えようとしたのが、社会学者タウンゼントであった。ここでも、貧困概念拡大の最初の契機は労働者階級による集団的な異議申し立てであったことがわかる。

「社会的排除」という概念が登場するまで、労働者階級による集団的な異議申し立ての中心的役割を担っていたのは労働組合運動であった。しかし、一九八〇年代以降の貧困概念をさらに拡大させ、資本家階級による反応を促したのは、必ずしも労働組合運動だけではなくなった。労働組合の組織率は低下し、その力が従来よりも低くなっていることはイギリスでも日本でも同様である。

にもかかわらず、「貧困」という概念は拡大した。二〇世紀後半、特に一九八〇年代以降、「貧困」という概念の拡大には、女性の社会進出と社会運動が強く影響している。

この社会運動は、女性を従属させてきた男性に対する異議申し立てであるだけでなく、資本への異議申し立てでもあった。男性優先・女性劣後の関係を含む「家族主義」を利用し尽くして自らへの従属を課してきた資本だが、この資本（および男性）に対する女性たちによる異議申し立てが貧困をめぐる規範変容の重要な契機となっているのである。

つまり、一九八〇年代以降、「貧困」という概念の拡大の背景には、労働運動だけでなく、女性たちによる社会運動、そしてさらに障害者、黒人など、それまで劣後されてきた人びとの社会運動が多様に展開し、資本主義的生産様式のもとで編成された権力関係に異議申し立てを実践している状況がある。

もちろん、直接的には、女性は男性への従属に対して、障害者は健常者への従属に対して、黒人は白人への従属に対して異議申し立てをしている。支配してきた集団は、その異議申し立てに対応する責任を負っていることは間違いない。ただし、様々な社会運動はそこだけに終始していない場合も少なくないことにも注目すべきである。それらは差別を徹底的に利用してきた資本に対する批判も展開するようになっている。つまり、様々な社会運動がともに資本による差別利用という本質的問題を批判することで、「資本主義である限り差別はなくならない」として、資本主義社会を相対化しようとする動きも生じてきている。このような意味で、現代の新しい貧困問題から出発する貧困理論は、「生産関係論的貧困理論」のなかに位置づけられる可能性をもっているといえる。

†社会の構造に目を向ける

本書では、資本主義における階級を生産手段の所有の有無からではなく、生産関係を基軸にして定義づけてきたが、このような理解に基づくならば、「階級闘争」とは分配のあり方のみならず究極的には生産のあり方を新たなものに構築するための闘争であると考えられる。

一九八〇年代以降の新しい貧困理論は、理論的には、「本源的無所有」に基づく生活の全面的な窮乏化を対象にできる可能性をもっている。これは、賃金の向上や社会保障・社会福祉の充実という分配の変更だけでなく、貧困の根本原因である資本主義的生産関係の変革まで視野に入れることができるということを意味している。

ただし、その「可能性」はあくまでも可能性であって、これを顕現させるための社会運動や諸実践が展開されなければ、やはり可能性のままで終わってしまう。

「資本主義的生産関係にまで手を付けなくても、福祉が充実すればいいじゃないか」

「社会保障が充実すれば、それでいいじゃないか」

このように考える人もいるかもしれない。しかし、それでは分配関係に多少の変更を加えることしかできず、貧困を生み出す資本主義的生産関係は変わらない。

それだけでなく、資本主義的生産関係が強力に助長する人間集団間の意味のない優先・劣後関係のなかで、女性、黒人、少数民族、グローバルサウスの人びとなどの劣後されている人びとに貧困を押し付ける傾向性も変わらない。

資本主義的生産関係にアプローチしなければ、同じ属性や特徴のある集団に繰り返し貧困が生じ、その都度、事後的な福祉サービスが提供されることで「福祉依存」「貧困の文化」（その集団の生活様式や行動様式、文化などに貧困の原因があるという自己責任論的なレッテル貼り）などのネガティブな認識を人びとに生じさせてしまう。人間集団間の優先・劣後関係は、資本主義的生産関係がそのすべての原因であるわけではないが、しかし、それを助長するものである。したがって、貧困とともに人間集団間の差別を撲滅したいのならば、資本主義的生産関係に対するアプローチが必要である。

†逃げ出す、従わないという運動

現在の資本主義社会において、差別を利用して人間集団間の優先・劣後関係を固定化することで巨大な収益をあげている資本に対する、各種の集団的異議申し立てを自覚的に再編していくというアイデアは、貧困問題に対する取り組みとしても、非常に有効であると考えられる。本書はそのための一つの理論的ツールになりうるものとして、「生産関係論的貧困理論」を提示した。

もちろん、「生産関係論的貧困理論」と「分配関係論的貧困理論」のいずれかが他方よりも優先されるというようなことはない。いずれも異なる重要な役割をもっている。

ただし、注意を払っておかねばならないのは、今後も分配関係の変更のための理論に終始し続けてしまうと、社会の様々な集団のあいだの分断を助長するような視野狭窄《しやきようさく》を起こしてしまう可能性があるということである。また、各集団が展開する社会保障運動や要求活動に葛藤が生じてしまう可能性もある。例えば、社会保障をめぐる高齢者や障害者の分断、男性と女性の対立・分断、雇用をめぐる国民と移民の分断などが考えられる。資本に対する異議申し立ての可能性が分断に差し替えられることは、その間隙を縫ってなされる資本による統治の促進を招く。

これに対して、資本家階級を攻撃するとか、特定の資本家を人格攻撃するとか、あるいは鉢巻をしめて前のめりの階級闘争を展開していくとか、そういう闘いが重要であるということを主張しているのではない。またこれは、女性であること、肌の色が白人とは異なること、障害者であること、少数民族であることなど、人種化され劣後されてきた人びとが、それぞれのアイデンティティと歴史を脇において、「労働者階級」としての階級闘争に一体化せよという要請でも決してない。多様な社会運動のあり方はそれ自体で尊重されるべきである。

ここでの理論的結論の一つとして、貧困や差別による社会的不利を根絶するためには、資本主義的生産関係の変革・再編成という目的を共有するということも重要なのではないか。もちろん、これはすべてが資本主義のせいであるという還元主義ではない。

この資本主義的生産関係へのアプローチについては、「脱出」や「不服従」によっても可能である。積極的に逃げ出したり、従わないということも重要な社会運動の一形態なのである。

例えば、労働組合員が資本の指揮のもとでの労働を拒否することは、ストライキと呼ばれ従来から行われてきたし、多額の奨学金を負債として背負わされた学生や元学生たちが返済を拒否すること、生活保護制度利用者が就労に関する指導を拒否することなども、資本主義的生産関係を再生産しないことにつながる「脱出」であり、「不服従」である。

†脱出・不服従を実践する

絶対的貧困理論と相対的貧困理論は、「貧困＝貨幣の欠如」という理解を基本としている。これは、資本主義的生産関係の結果としての分配関係へのアプローチに限定されている。したがって、物象化された生産関係によって絶えず再生産される「本源的無所有」状態への対策は、ここからは不可能であるし、貧困根絶への理論的道筋も断たれている。それに対して、社会的排除理論は「貧困＝選択肢（自由）の欠如」という理解を基本としている。この理解は、分配関係へのアプローチに終始しない可能性をもつものとみることができる。ただし、それによってただちに生産関係論的貧困理論のなかに社会的排除理論が位置づけられるわけではない。

これは、社会的排除理論から導き出されたベーシック・サービスという政策パッケージがすぐに生産関係の再編成を意味するわけではないことからも明らかである。ベーシック・サービスはあくまでも分配関係に変更を迫るものでしかないし、たとえベーシック・サービス化される領域が拡大され、かつてないほど充実した福祉国家が成立したとしても、それは貧困を激しく外部化した結果に過ぎない可能性が高い。

「貧困の外部化」は、経済的・政治的に強い国が、そうでない国から様々な搾取を行うなかで生じる。搾取する側の国の経済成長と福祉充実が推進され貧困が見えなくなっていく一方で、搾取される側の国（外部）で起こる具体的なできごとは、自然資源と労働力の買い叩きと激しい収奪であり、貧困が深刻化し増加していく。

社会的排除理論から導き出される政策パッケージを利用して、多様な社会運動を編み出すとともに、物象化された生産関係からの「脱出」「不服従」を実践し、物象化されていない生産関係に基づく新たな社会を構想することで初めて貧困根絶への道筋がみえてくる。この政策パッケージは、いま目の前で貧困をはじめとする生活問題に苦しんでいる人びとの生活状態を緩和させることもできるし、そのうえで、中長期的にみれば社会運動の編成、「脱出」「不服従」の実践、新たな社会の構想のための手段として活用することも可能である。

†「貧困のない社会」とは何か?

現代社会における貧困問題をはじめとする種々の生活問題について、本書を手に取っている読者は何らかのかたちで問題視しているのではないかと思われる。

本書では、貧困の緩和と根絶の両方について論じてきたが、読者の皆さんが問題視する貧困について、これを根絶したいと願うのか、緩和すればそれでいいと思うのかは各々の自由である。それは究極的には、各々の価値判断に関わるところである。

もしも、貧困を根絶したいと望むのであれば、貧困の根本原因たる資本主義的生産関係を変えていくしかない。もちろん、資本主義的生産関係には手を付けないままでの貧困根絶を主張すること自体は可能である。ただしそれは「願望の表明」に過ぎない。理論的整合性がないからである。

　仮に、貧困が緩和すれば十分であるという判断をするならば、それは社会に対して分配の変更を迫ることによって実現可能である。当然だが、そのためにも一定の強さをもった社会運動は必要不可欠である。

　ただその場合、以前にも述べたように、一つの国での社会保障・福祉の充実が達成されたとしても、家族主義の軛から逃れられない人びと、人種化された人びとなどに社会的不利と貧困が集中し、社会的排除が促進されることになる。しかもこれら一連の過程は、福祉国家の利益を享受する人びとからはみえないところで進行する。

　繰り返すが、貧困の根絶に関わる同意／不同意は、究極的には資本主義に対する個々人の価値判断に基づく。当然だが、態度を保留することもできるし、他の方法を科学的に模索することもできるかもしれない。ただし、態度を保留したり、他の方法を探している間に多くの人が貧困に殺されてしまうだろう。

「貧困や差別のない新たな社会の構想は、研究者や政治家がやるべきことであり、具体案が提示できないならば、それは絵にかいた餅、机上の空論である」という声もあるかもしれない。こうした意見は確かにもっともなもののように思えるが、そこには決定的に重要な要素が欠けている。それは「民主主義」である。新しい社会を構想することは、研究者や政治家だけの仕事ではない。新しい社会は、民主的な議論に基づいて、すべての人びとが自ら構想し、形成していくものである。

特定の人間が描いた「理想の国」は、宗教的な理想郷のような独善的「観念」に過ぎない。だからこそ、これまでの社会科学に携わる研究者たちの圧倒的大部分は、将来の社会を積極的に描くことはせず、より良い社会へと移行するために活用可能な積極的諸条件を現実の社会のなかに見出すという仕事に集中してきた。

マルクスもその一人であり、彼は共産主義社会がどのような社会であるのかを積極的に描いていない。個人が「理想の国」を妄想するのはその人の自由だが、それを社会的に受け入れるべき最終目標とするのは越権行為である。それはつまり、他者の権利の侵害を伴う可能性があるということでもある。

この他に、社会の生産力を圧倒的に向上させることで、資本主義を温存したまま分配関係論的アプローチから貧困を根絶するという試みを追求しようという態度もあるかもしれない。しかし、いかに社会の生産力を向上させたとしても、物象化された生産関係のもとでの労働力の配置は、社会性をもたず資本の都合によって行われるため、その試みは成功の見通しがそもそもない。

現代社会の技術を駆使しつつ、エッセンシャルな労働に労働力をあてがうことが社会全体として可能ならば、すべての人びとが生活に必要な物にアクセスできるような潜在能力はいまの社会にはあるといわれている。例えば、現代の技術をもってすれば、世界中の人びとを食べさせていくだけの生産能力は既にある。しかし、いまだに飢餓状態をこの世界から根絶することができていないのは、資本が飢餓の根絶に関心をもつ余地をもたないからである。資本は「商品」として食糧を生産するのであり、その第一の目的は利潤であり自己増殖である。飢餓をなくすために必要な量の食糧を生産するのではなく、売れそうな分だけ生産する。そして資本は、その見込みにしたがってどのくらいの労働力を生産にあてがうのかを決めるのである。

関連する社会現象として、生産過剰であると判断された量の野菜や牛乳を、市場価格の安定のために廃棄するというニュースなどをみたことがある読者も多いはずである。資本にとって、市場価格の安定からみて相対的に過剰な量の生産物を市場から排除し、人工的希少性を維持するというのは資本の生死をかけた生存戦略でもあり、これは資本が成立して以降、常に採用されてきた手口の一つである。現代の日本においても、食糧の廃棄が大量になされる一方で、今日や明日の食べ物がないという人びとが一定数存在する。

つまり、問題は「生産力」なのではなく、あくまで資本主義的な「生産関係」なのである。

行き過ぎた資本主義に対する批判なのか、資本主義そのものに対する批判なのか。筆者は資本主義批判の立場を採用しているが、皆さんはどうだろうか。

†資本主義的な自由から真の自由へ

筆者の友人があるとき、こんなことを言っていた。

「子どもの頃は、お金がなくても、みんなで集まっていろんな遊びを考えて、とても楽しかった。だけど、大人になってから「遊びに行こう」っていうと、ほとんどは「飲みに行くこと」か、あとはボーリングとかカラオケばっかりだよなぁ。よくても、はやりのキャンプとかバーベキューとか。どうしてこうなったのだろう」

友人のその言葉（嘆き）は筆者にとても響いた。自分自身を振り返ると、また周囲の友人や家族や知り合いをみてみると、ほぼすべての人が、大人になると資本から規格化された生活を送るようになり、規格化された遊びを繰り返し、規格化された社会のなかでしか生きることができなくなっている。

そして残念なことに、この資本によって規格化された生活は、私たち自らが積極的に構想して、自律的に生産した生産物を利用して成立しているのではない。筆者の生活をみても、基本的にその全過程が、資本によって規格化された商品によって形成される生活様式に従属しており、その意味で自律性や創造性はほとんど皆無である。

このことに関連して、デヴィッド・グレーバーとデヴィッド・ウェングロウによる『万物の黎明《れいめい》』を紹介したい。この本には、自律性と創造性を兼ね備えた「自由」とはいかなるものであるのかが人類学的知見から分析され、記述されている。そこで語られる「自由（社会的自由の基本形態）」とは、以下の三つである。

① 自分の環境から離れたり、移動したりする自由
② 他人の命令を無視したり、従わなかったりする自由
③ まったく新しい社会的現実を形成したり、異なる社会的現実のあいだを往来したりする自由

（Graeber and Wengrow 2021）

この「自由」は、本書における生産関係論的貧困理論のなかに位置づけた社会的排除理論における「自由」と重なる部分がある。もちろん、社会的排除論における「自由」とは、依然として資本主義社会における規格化された生活における「自由」ではあるが、そこには連続性がある。資本主義社会にいながら、資本主義社会を徹底的に批判することは不可能ではない。そして、資本主義批判は別の社会の構想と連続している。

貧困が根絶された社会について構想しようとすると、「そんなのは理想だよ」「青いねぇ」などといわれることがある。筆者もそのような経験を何度もしてきた。そうした反応の裏には、「今のままどうせ変わらない」「しかたがない」という消極的な現状追認主義がある。しかし、現状を追認するのは、考えることの放棄であり、闘う前から敗北を認めるようなものである。本書はそのような敗北主義に与《くみ》するものではない。

このようにいうのは、冷笑を浴びせようとする人たちを非難しようとする意図からではない。グレーバーらがいうような新しい社会を構想したり、想像・創造する力と自由を、筆者を含めた多くの人びとは剝奪されているということ、そしてその主たる原因の一つが、生産関係の軽視と分配関係への過度な集中という事態にあることを強調したいからである。

物象化された社会関係は、物質的貧困を必然的に生みだすだけでなく、他者や社会全体に対する寛容さや想像力までも貧困にしていく傾向がある。だからこそ、現状追認主義的態度から脱却するのは容易なことではない。それどころか、資本主義社会以外の社会を構想するという姿勢に対して、「特定の偏った思想をもっている」という非難が向けられることもしばしばである。

多くの人がいまの社会には持続可能性がないとわかっていながら、この社会の根本原理である資本主義的生産関係にはアプローチしようとしないが、それは科学的態度とはいえない。資本主義「イデオロギー」擁護者の態度である。そうした態度が自然化されるほどにまでこの資本主義社会は絶対化されつつある。

貧困の根絶を企図するとき、もしも、新しい社会を構想することにどうしても拒否的な感情をもってしまうならば、資本主義を相対化する視点をもつということから始めるのはいかがだろうか。

あとがき

貧困は人を殺す。

二〇〇九年四月一〇日、私はそれを自分自身の経験として知った。私の父は「仕事は嫌いです」というメモを残してこの世を去った。お金もなかったが、自由はもっとなかった。「誰も手を差し伸べてくれなかった」と当時の私は思っていた。現代の貧困には排除と孤立が付いてまわる。私は本書で家族主義を批判しているが、父も母も好きだった。家族主義がなくても、家族を思いやることはできる。

この経験による怒りや悲しみが私を貧困研究に強く駆り立てている。

奨学金を借りるだけ借りて大学院を修了し、いま私は大学教員のポストを獲得できている。ここで終わりではない。貧困を根絶することが私の目標である。少しでも早く貧困のない世界を見てみたい。いま、この瞬間にも、貧困や差別で明日を諦めようとしている人がいるが、そんな世界は私には耐えられない。

＊

「貧困のない世界を、生きているうちに自分の目で見たい」と私が言うと、「それは理想論だよ、現実をみなさい」と笑う人が多かった。

貧困に関する学問的追究の過程でわかったのは、「貧困なき世界」というのは理想論ではないということである。世界の人びとがその気になれば、貧困は大幅に緩和できるし、そもそも貧困のない世界を創造することも現時点で可能なのである。

すぐにでも実現可能な事柄に関する主張を理想論と呼ぶことなどできない。それに、「理想論だよ」という批判を差し向ける人は、現状追認に終始する「敗北主義者」である。

貧困は大幅に緩和することもできるし根絶することもできるが、そのためには貧困に関する理論的理解が不可欠である。私はそのための理論構築に少しでも貢献したいと考え、本書の執筆に至った。今後、さらに豊かな議論が展開され、貧困対策の充実と、貧困根絶のための社会改良が積み重ねられていくことを私は強く願っているし、そうなるように積極的な研究と実践を継続していくつもりである。

本書を執筆するにあたって、私は多くの研究仲間・活動仲間・友人たちから貴重な助言をいただいた。その全員に対し、心より感謝申し上げたい。

本書では、マルクスの経済理論を多用しているが、私はマルクス研究者ではない。したがって、最新のマルクス研究については専門家である佐々木隆治氏に多くの助言をいただいた。マルクスの理論を十分に理解できていないところも本書にはあると思うが、それは私の責任である。また、佐々木隆治氏とともに、今野晴貴氏、藤田孝典氏、渡辺寛人氏には本書の原稿執筆段階で研究会を開催していただき、非常に有意義な数多くの助言をいただいた。

片田正人氏、大友志穂氏、孔栄鍾氏、日田剛氏、安里長従氏、藤本和吉氏、児玉昌三氏、橋本典幸氏には研究のみならず、社会活動などでいつも多くの示唆をいただいている。特に片田氏は、まだ私の研究に誰も期待や関心を寄せていなかった頃から関心をもち、社会に対する怒りも共有してくださっていた。

ここに書くことができないほど、多くの友人や仲間と議論してきた成果が本書である。本書の執筆は、編集を担当してくださった山本拓氏からの手紙がきっかけだった。山本氏から手紙をいただいてから約二年が過ぎてようやく原稿が仕上がった。ここまで時間がかかったのは、第5章が書けなかったからである。分配関係論だけでなく、生産関係論から貧困をみることの重要さは本書のなかでも強調してきたつもりだが、生産関係論に関する私の理解が十分でなかったことが主な要因である。最後まで付き合ってくださった山本さんに心より感謝申し上げたい。

＊

最後に。

「やまない雨はない」とか、「明けない夜はない」とか、そうした言葉は貧困を強制された人には何の慰めにもならない。そんな美しい言葉が、ときとして貧困を強制された人の言葉を奪うことを私は知っている。

貧困は雨や夜とは違う。貧困は自然現象ではない。貧困は人工的に創出された現象であり、人間の手で解決すべき問題である。貧困を生産する社会構造を変えるための連帯と抵抗が必要である。

※本書において提示した研究成果は、ＪＳＰＳ科研費（20K13729）の支援を受けたものである。

二〇二四年十二月

志賀信夫

参考文献

日本語文献

秋元美世・柴野松次郎・森本佳樹・大島巌・藤村正之・山県文治編集（二〇〇三）『現代社会福祉辞典』有斐閣

安里長従・志賀信夫（二〇二二）『なぜ基地と貧困は沖縄に集中するのか？――本土優先、沖縄劣後の構造』堀之内出版

阿部彩（二〇一四）『子どもの貧困Ⅱ――解決策を考える』岩波新書

阿部實（一九九〇）『チャールズ・ブース研究――貧困の科学的解明と公的扶助制度』中央法規出版

安保則夫（二〇〇五）『イギリス労働者の貧困と救済――救貧法と工場法』明石書店

井手英策（二〇二四）『ベーシックサービス――「貯蓄ゼロでも不安ゼロ」の社会』小学館新書

稲葉剛（二〇一六）『貧困の現場から社会を変える』堀之内出版

岩田正美、西澤晃彦編著（二〇〇五）『貧困と社会的排除――福祉社会を蝕むもの』講座・福祉社会第9巻、ミネルヴァ書房

岩田正美（二〇〇七）『現代の貧困──ワーキングプア／ホームレス／生活保護』ちくま新書
岩田正美（二〇〇八）『社会的排除──参加の欠如・不確かな帰属』有斐閣
宇井純（二〇〇六）『新装版 合本 公害原論』亜紀書房
宇沢弘文（二〇〇〇）『社会的共通資本』岩波新書
大谷禎之介（二〇〇一）『図解 社会経済学』桜井書店
重田園江（二〇二二）『ホモ・エコノミクス──「利己的人間」の思想史』ちくま新書
川島聡・菅原絵美・山崎公士（二〇二一）『国際人権法の考え方』法律文化社
木下武男（二〇二一）『労働組合とは何か』岩波新書
小峯敦（二〇〇六）「ベヴァリッジの福祉社会論」小峯敦編『福祉国家の経済思想──自由と統制の統合』第8章、ナカニシヤ出版
斎藤幸平（二〇二〇）『人新世の「資本論」』集英社新書
斎藤幸平（二〇二三）『ゼロからの『資本論』』NHK出版新書
佐々木隆治（二〇一二）『私たちはなぜ働くのか──マルクスと考える資本と労働の経済学』旬報社
佐々木隆治（二〇一六）『カール・マルクス──「資本主義」と闘った社会思想家』ちくま新書
佐々木隆治（二〇一八）『マルクス 資本論』シリーズ世界の思想、角川選書
佐々木隆治（二〇二一）『マルクスの物象化論［新版］』シリーズ「危機の時代と思想」、堀之内出版

佐々木隆治（二〇二四）『マルクス　資本論第3巻』シリーズ世界の思想、角川選書
佐々木隆治・志賀信夫編著（二〇一九）『ベーシックインカムを問い直す――その現実と可能性』法律文化社
志賀信夫（二〇一六）『貧困理論の再検討――相対的貧困から社会的排除へ』法律文化社
志賀信夫（二〇一八）「社会福祉と子どもの貧困――投資アプローチと well-being アプローチ」日本教育政策学会編『日本教育政策学会年報』第25号、pp.115-125
志賀信夫（二〇二二）『貧困理論入門――連帯による自由の平等』堀之内出版
神野直彦・井手英策・連合総合生活開発研究所編（二〇一七）『「分かち合い」社会の構想――連帯と共助のために』岩波書店
申惠丰（二〇一六）『国際人権法――国際基準のダイナミズムと国内法との協調【第2版】』信山社
申惠丰（二〇二〇）『国際人権入門――現場から考える』岩波新書
武田尚子（二〇一四）『20世紀イギリスの都市労働者と生活――ロウントリーの貧困研究と調査の軌跡』ＭＩＮＥＲＶＡ社会学叢書、ミネルヴァ書房
武谷三男（一九六七）『安全性の考え方』岩波新書
内藤則邦（一九七五）『イギリスの労働者階級』東洋経済新報社
西澤晃彦（二〇一〇）『貧者の領域――誰が排除されているのか』河出ブックス
浜林正夫（二〇〇九）『イギリス労働運動史』学習の友社
原田正純（一九九二）『水俣の視図――弱者のための環境社会学』立風書房

広瀬義徳・桜井啓太編（二〇二〇）『自立へ追い立てられる社会』インパクト出版会
福原宏幸編著（二〇〇七）『社会的排除／包摂と社会政策』法律文化社
水島宏明（二〇二三）『メディアは「貧困」をどう伝えたか――現場からの証言：年越し派遣村からコロナショックまで』同時代社
毛利健三（一九九〇）『イギリス福祉国家の研究――社会保障発達の諸画期』東京大学出版会
山田昌弘（二〇〇四）『希望格差社会――「負け組」の絶望感が日本を引き裂く』筑摩書房
湯浅誠（二〇〇八）『反貧困――「すべり台社会」からの脱出』岩波新書
湯浅誠（二〇一七）『「なんとかする」子どもの貧困』角川新書
和田秀樹（二〇〇八）『意欲格差』中経出版

邦訳文献

ウエッブ、S／ウエッブ、B（一九七三）『労働組合運動の歴史』（上・下）、荒畑寒村監訳、飯田鼎・高橋洸訳、日本労働協会
エンゲルス、フリードリヒ（二〇〇〇）『イギリスにおける労働者階級の状態』（上・下）、浜林正夫訳、新日本出版社
オデコン、M編集代表（二〇一二）『世界格差・貧困百科事典』駒井洋監修、穂坂光彦監訳者代表、明石書店
トムスン、E・P（二〇〇三）『イングランド労働者階級の形成』市橋秀夫・芳賀健一訳、青弓社

ヒル、M／アービング、Z／（二〇一五）『イギリス社会政策講義——政治的・制度的分析』埋橋孝文、矢野裕俊監訳、ミネルヴァ書房
ブレイヴァマン、H（一九七八）『労働と独占資本——20世紀における労働の衰退』富沢賢治訳、岩波書店
ミース、M／ヴェールホフ、C・V／B＝トムゼン、V（一九九五）『世界システムと女性』古田睦美、善本裕子訳、藤原書店
ラッツァラート、M（二〇二三）『耐え難き現在に革命を！——マイノリティと諸階級が世界を変える』杉村昌昭訳、法政大学出版局

英語文献

Beveridge, Sir W. (1942) *Social Insurance and Allied Services.*（一圓光彌監訳『ベヴァリッジ報告——社会保険および関連サービス』法律文化社、二〇一四年）
Booth, C. (1904) *Life and Labour of the people, First Series: Poverty, East, Central and South London*, Macmillan.
Brown, W. (2019) *In the Ruins of Neoliberalism: The Rise of Antidemocratic Politics in the West*, Columbia University Press.（河野真太郎訳『新自由主義の廃墟で——真実の終わりと民主主義の未来』人文書院、二〇二二年）
European Commission (1992) Towards Europe of Solidarity: Intensifying the Fight against

Social Exclusion.
European Commission (1993) Growth, competitiveness, and employment: The challenges and ways forward into the 21st century.
Frazer, N. (2022) *Cannibal Capitalism*, Verso Books.（江口泰子訳『資本主義は私たちをなぜ幸せにしないのか』ちくま新書、二〇二三年）
Graeber, D. and Wengrow, D. (2021) *The Dawn of Everything: A New History of Humanity*, Farrar Straus & Giroux.（酒井隆史訳『万物の黎明――人類史を根本からくつがえす』光文社、二〇二三年）
Harris, J. (1997) *William Beveridge: A Biography*, Oxford University Press.
Harvey, D. (2005) *A Brief History of Neoliberalism*, Oxford University Press.（渡辺治監訳、森田成也・木下ちがや・大屋定晴・中村好孝訳『新自由主義――その歴史的展開と現在』作品社、二〇〇七年）
Heckman, J. J. (2006) "Skill Formation and the Economics of Investing in Disadvantaged Children" *SCIENCE*, Vol 312, pp.1900-1902.
Lister, R. (2004) *Poverty* (*1st Edition*), Polity Press.（松本伊智朗監訳、立木勝訳『貧困とはなにか――概念・言説・ポリティクス』明石書店、二〇一一年）
Lister, R. (2021) Poverty (*2nd Edtion*), Polity Press.（松本伊智朗監訳、松本淳・立木勝訳『【新版】貧困とはなにか――概念・言説・ポリティクス』明石書店、二〇二三年）

Marshall, T. H. and Bottomore, T. B.（1992）*Citizenship and Social Class*, Pluto Press.（岩崎信彦・中村健吾訳『シティズンシップと社会的階級』法律文化社、一九九三年）
Marx, K.（2008）*Das Kapital: Kritik der Politischen Ökonomie*, Belrin: Dietz.（社会科学研究所監修・資本論翻訳委員会訳『資本論1』第1～4分冊、新日本出版社、一九八二～一九八三年）
Rowntree, B. S.（1901）*Poverty: A Study of Town Life*, Macmillan.（長沼弘毅訳『貧乏研究』ダイヤモンド社、一九五九年）
Sen, A. K.（1992）*Inequality Reexamined*, Oxford University Press.（池本幸生・野上裕生・佐藤仁訳『不平等の再検討——潜在能力と自由』岩波書店、一九九九年）
Sen, A. K.（2009）*The Idea of Justice*, Penguin Books.（池本幸生訳『正義のアイデア』明石書店、二〇一一年）
Townsend, P.（1979）*Poverty in the United Kingdom*, Penguin Books.
Wallerstein, I.（1995）*Historical Capitalism with Capitalist Civilization*, Verso（London）.（川北稔訳『新版　史的システムとしての資本主義』岩波書店、一九九七年）
Wedderburn, D.（1974）*Poverty, Inequality and class structure*, Cambridge University Press.
Wise, S.（2008）*The Blackest Streets: The Life and Death of a Victorian Slum*, The Bodley Head（栗原泉訳『塗りつぶされた町——ヴィクトリア期英国のスラムに生きる』紀伊國屋書店、二〇一八年）

ちくま新書
1843

貧困《ひんこん》とは何《なに》か
――「健康《けんこう》で文化《ぶんか》的《てき》な最低限度《さいていげんど》の生活《せいかつ》」という難問《なんもん》

二〇二五年二月一〇日　第一刷発行

著　者　志賀信夫（しが・のぶお）

発行者　増田健史

発行所　株式会社　筑摩書房
東京都台東区蔵前二-五-三　郵便番号一一一-八七五五
電話番号〇三-五六八七-二六〇一（代表）

装幀者　間村俊一

印刷・製本　三松堂印刷　株式会社

ISBN978-4-480-07669-4 C0236

659
現代の貧困
――ワーキングプア／ホームレス／生活保護
岩田正美
貧困は人々の人格も、家族も、希望も、やすやすと打ち砕く。この国で今、そうした貧困に苦しむのは「不利な人々」ばかりだ。なぜ？　処方箋は？　をトータルに描く。

1371
アンダークラス
――新たな下層階級の出現
橋本健二
就業人口の15％が平均年収186万円。この階級の人々はどのように生きているのか？　若年・中年、女性、高齢者とケースにあわせ、その実態を明らかにする。

1020
生活保護
――知られざる恐怖の現場
今野晴貴
高まる生活保護バッシング。その現場では、いったい何が起きているのか。自殺、餓死、孤立死……。追いつめられ、命までも奪われる「恐怖の現場」の真相に迫る。

1403
ともに生きる仏教
――お寺の社会活動最前線
大谷栄一編
「葬式仏教」との批判にどう応えるか。子育て支援、グリーフケアと終活、アイドル育成、ＮＰＯとの協働、貧困対策。社会に寄り添う仏教の新たな可能性を探る。

1333-5
格差社会を生き抜く読書
【シリーズ ケアを考える】
佐藤優
池上和子
波瀾万丈な人生を歩んできた佐藤氏と、貧困の現実に詳しい臨床心理士の池上氏が、格差社会のリアルを語る。危機の時代を生き抜くための読書案内。

1821
社会保障のどこが問題か
――「勤労の義務」という呪縛
山下慎一
日本の社会保障はなぜこんなに使いにくいのか。複雑に分立した制度の歴史を辿り、日本社会の根底に渦巻く「働かざる者食うべからず」という倫理観を問いなおす。

1333-3
社会保障入門
【シリーズ ケアを考える】
伊藤周平
年金、医療、介護。複雑でわかりにくいのに、この先も不透明。そんな不安を解消すべく、ざっくりとその仕組みを教えます。さらには、労災・生活保護の解説あり。

ちくま新書

772
学歴分断社会
吉川徹

格差問題を生む主たる原因は学歴にある。そして今、日本社会は大卒か非大卒かに分断されてきた。そのメカニズムを解明し、問題点を指摘し、今後を展望する。

784
働き方革命
――あなたが今日から日本を変える方法
駒崎弘樹

仕事に人生を捧げる時代は過ぎ去った。「働き方」の枠組みを変えて少ない時間で大きな成果を出し、家庭や地域社会にも貢献する新しいタイプの日本人像を示す。

800
コミュニティを問いなおす
――つながり・都市・日本社会の未来
広井良典

高度成長を支えた古い共同体が崩れ、個人の社会的孤立が深刻化する日本。人々の「つながり」をいかに築き直すかが最大の課題だ。幸福な生の基盤を根っこから問う。

809
ドキュメント 高校中退
――いま、貧困がうまれる場所
青砥恭

高校を中退し、アルバイトすらできない貧困状態へと落ちていく。もはやそれは教育問題ではなく、社会を揺るがす問題である。知られざる高校中退の実態に迫る。

880
就活エリートの迷走
豊田義博

超優良企業の内定をゲットした「就活エリート」。彼らが入社後に、ことごとく戦力外の烙印を押されている……。採用現場の表と裏を分析する驚愕のレポート。

914
創造的福祉社会
――「成長」後の社会構想と人間・地域・価値
広井良典

経済成長を追求する時代は終焉を迎えた。「平等と持続可能性と効率性」の関係はどう再定義されるべきか。日本再生の社会像を、理念と政策とを結びつけ構想する。

941
限界集落の真実
――過疎の村は消えるか？
山下祐介

「限界集落はどこも消滅寸前」は嘘である。危機を煽り立てるだけの報道や、カネによる解決に終始する政府の過疎対策の誤りを正し、真の地域再生とは何かを考える。

ちくま新書

1113
日本の大課題 子どもの貧困
――社会的養護の現場から考える
池上彰 編
格差が極まるいま、家庭で育つことができない子どもが増えている。児童養護施設の現場から、子どもの貧困についての実態をレポートし、課題と展望を明快にえがく。

1114
これだけは知っておきたい 働き方の教科書
安藤至大
いま働き方の仕組みはどうなっているか？ これからどう変わり、どう備えるべきなのか？ 法律と労働経済学の見地から、働くことにまつわる根本的な疑問を解く。

1120
ルポ 居所不明児童
――消えた子どもたち
石川結貴
貧困、虐待、家庭崩壊などが原因で、少なくはない子どもたちの所在が不明になっている。この国で社会問題化しつつある「消えた子ども」を追う驚愕のレポート。

1125
ルポ 母子家庭
小林美希
夫からの度重なるＤＶ、進展しない離婚調停、親子のギリギリの生活……。社会の矛盾が母と子を追い込んでいく。彼女たちの厳しい現実と生きる希望に迫る。

1129
地域再生の戦略
――「交通まちづくり」というアプローチ
宇都宮浄人
地方の衰退に伴い、鉄道やバスも消滅の危機にある。再生するためには「まち」と「公共交通」を一緒に変えるしかない。日本の最新事例をもとにその可能性を探る。

1151
地域再生入門
――寄りあいワークショップの力
山浦晴男
全国どこでも実施できる地域再生の切り札「寄りあいワークショップ」。住民全員が連帯感をもってアイデアを出しあい、地域を動かす方法と成功の秘訣を伝授する。

1153
解決！ 空き家問題
中川寛子
過剰な住宅供給のツケで、いま顕在化する空き家問題。活用を阻む4要因と、打開策とは？ 柔軟な発想で負の財産をお宝に転換。豊富な事例から活路を見いだす！

1162
性風俗のいびつな現場
坂爪真吾
熟女専門、激安で過激、母乳が飲めるなど、より生々しくなった性風俗。そこでは、どのような人たちが、どのような思いで働いているのか。その実態を追う。

1163
家族幻想
——「ひきこもり」から問う
杉山春
現代の息苦しさを象徴する「ひきこもり」。閉ざされた内奥では何が起きているのか？〈家族の絆〉という神話に巨大な疑問符をつきつける圧倒的なノンフィクション。

1164
マタハラ問題
小酒部さやか
妊娠・出産を理由に嫌がらせを受ける「マタハラ」が、いま大きな問題となっている。マタハラとは何か。その実態はどういうものか。当事者の声から本質を抉る。

1171
震災学入門
——死生観からの社会構想
金菱清
東日本大震災によって、災害への対応の常識は完全に覆された。科学的なリスク対策、心のケア、霊性、コミュニティ再建などを巡り、被災者本位の災害対策を訴える。

1190
ふしぎな部落問題
角岡伸彦
もはや差別だけでは語りきれない。部落を特定する膨大なネット情報、過敏になりすぎる運動体、同和対策事業の死角。様々なねじれが発生する共同体の未来を探る。

1205
社会学講義
橋爪大三郎／佐藤郁哉
吉見俊哉／大澤真幸
若林幹夫／野田潤
社会学とはどういう学問なのか？　基本的な視点から説き起こし、テーマの見つけ方・深め方、フィールドワークの手法までを講義形式で丁寧に解説。入門書の決定版。

1226
「母と子」という病
高橋和巳
人間に最も大きな心理的影響を及ぼす存在は「母」であり、誰もが逃れられない。母を三つのタイプに分け、それぞれの子との愛着関係と、そこに潜む病を分析する。

ちくま新書

1422 教育格差——階層・地域・学歴　松岡亮二
親の学歴や居住地域など「生まれ」によって、子どもの学歴・未来は大きく変わる。本書は、就学前から高校まで教育格差を緻密に検証し、採るべき対策を提案する。

1445 コミュニティと都市の未来——新しい共生の作法　吉原直樹
多様性を認め、軽やかに移動する人々によるコミュニティはいかにして成立するのか。新しい共生の作法が、既存の都市やコミュニティを変えていく可能性を探る。

1448 年金不安の正体　海老原嗣生
不満につけこみ、不公平を騒ぎ立て、制度が崩壊すると危機感を煽る。不安を利益に変える政治家や評論家、メディアのウソを暴き、問題の本質を明らかにしよう。

1489 障害者差別を問いなおす　荒井裕樹
「差別はいけない」。でも、なぜ「いけない」のかを言葉にする時、そこには独特の難しさがある。その理由を探るため差別されてきた人々の声を拾い上げる一冊。

1490 保育園に通えない子どもたち——「無園児」という闇　可知悠子
保育園にも幼稚園にも通えない「無園児」の家庭に潜む闇を、丹念な研究と取材で明らかにした問題作。NPO法人フローレンス代表、駒崎弘樹氏との対談も収録。

1496 ルポ 技能実習生　澤田晃宏
どのように日本へやってきたか。なぜ失踪者が出るのか。働く彼らの夢や目標と帰国後の生活とは。国際的な人材獲得合戦を取材して、見えてきた労働市場の真実。

1521 ルポ 入管——絶望の外国人収容施設　平野雄吾
「お前らを日本から追い出すために入管（ここ）があるんだ」。密室で繰り広げられる暴行、監禁、医療放置——。巨大化する国家組織の知られざる実態。

ちくま新書

1611
「ひきこもり」から考える
――〈聴く〉から始める支援論
石川良子
葛藤を言葉にできない「語れなさ」を抱えて立ちすくむ「ひきこもり」。その支援の本質は当事者の声を〈聴く〉ことにある。読むとなぜかホッとする支援論。

1797
町内会
――コミュニティからみる日本近代
玉野和志
加入率の低下や担い手の高齢化により、存続の危機に瀕する町内会。それは共助の伝統か、時代遅れの遺物か。コミュニティから日本社会の成り立ちを問いなおす。

1820
ごみ収集の知られざる世界
藤井誠一郎
ごみはどう処理され、最終的に処分されているか、知ってますか？　その背景には様々な問題があり、それへの工夫も施されている。現場からみえる課題と未来。

1138
ルポ　過労社会
――八時間労働は岩盤規制か
中澤誠
長時間労働が横行しているのに、さらなる規制緩和は必要なのか？　雇用社会の死角をリポートし、「働きすぎの日本人」の実態を問う。佐々木俊尚氏、今野晴貴氏推薦。

1675
今すぐ格差を是正せよ！
ベン・フィリップス
山中達也訳
深澤光樹訳
世界人口の1％未満が富を独占する現状は、実は不正義であるばかりか経済成長を阻害し環境問題を悪化させる。この状況はどうしたら変えられるのか？

1740
資本主義は私たちをなぜ幸せにしないのか
ナンシー・フレイザー
江口泰子訳
資本主義は私たちの生存基盤を食い物にすることで肥大化する矛盾に満ちたシステムである。世界的政治学者がそのメカニズムを根源から批判する。（解説・白井聡）

1823
バブルと資本主義が日本をつぶす
――人口減と貧困の資本論
大西広
株価の乱高下、不動産高騰と地方衰退。近代英国労働者のような低賃金と貧富の差。労働力不足と未曾有の人口減少。令和バブル崩壊で露呈する資本主義の限界とは。